New Life 30

New Life 30

New Life 30

New Life 30

靈魂三世的法則

古斯塔夫・希爾多・費希納（Gustav Theodor Fechner）/ 著
華子恩 / 譯

New Life 30

靈魂三世的法則

原文書名	The little book of life after death
作　　者	古斯塔夫・希爾多・費希納（Gustav Theodor Fechner）
書封設計	柯俊仰
特約美編	李緹瀅
特約文編	黃琦
主　　編	高煜婷
總 編 輯	林許文二

出　　版	柿子文化事業有限公司
地　　址	11677臺北市羅斯福路五段158號2樓
業務專線	（02）89314903#15
讀者專線	（02）89314903#9
傳　　真	（02）29319207
郵撥帳號	19822651柿子文化事業有限公司
投稿信箱	editor@persimmonbooks.com.tw
服務信箱	service@persimmonbooks.com.tw

業務行政	鄭淑娟、陳顯中

初版一刷	2023年07月
二刷	2023年07月
定　　價	新臺幣400元
I S B N	978-626-7198-57-5

歡迎走進柿子文化網 https://persimmonbooks.com.tw

～柿子在秋天火紅 文化在書中成熟～

國家圖書館出版品預行編目(CIP)資料

靈魂三世的法則／古斯塔夫・希爾多・費希納（Gustav Theodor Fechner）著；華子恩譯. -- 初版. -- 臺北市：柿子文化事業有限公司，2023.07
面；　公分. -- (New life；30)
譯自：The little book of life after death.

ISBN 978-626-7198-57-5（平裝）

1.CST：死亡 2.CST：生死學

197　　112007792

推薦

專家推薦

生命的究竟提問

這是一本對生命和靈魂究竟提問的「解答之書」。

田定豐，作家、初心苑創辦人

透過理解死亡喚醒人生意識

人的生命逐步邁向完美，並可分為三大階段，看到這本書的你我，都還處於第二階——這是本書作者費希納的核心觀點，它替人生設定了一種動能：你可以靠著當下的努力，在肉身壞滅後依然邁向更好的自己。據此，死

周詠盛，哲普作家、兒童哲學講師

亡非但不是消逝，反而更像新生。或許，從科學的角度來看，這類論點永遠都無法加以確證，但對虔誠信仰者而言，它可能是非凡的心理技巧，能替每個當下提供意義感；或者更直白地說，這讓人生更像是一個有著豐富情節的故事，而我們總是在決定故事走向。也就因為如此，在愈來愈不關注「為何而活」的年代，本書或許有助於喚醒一種人生意識，特別是從如何理解死亡開始。

打開第三隻眼，看見另一個世界

許禮安，高雄市張啟華文化藝術基金會執行長、
衛福部屏東醫院家醫科兼任主治醫師、臺灣安寧照顧協會理事

我是家醫科醫師，卻從事安寧療護將近三十年，前半段在安寧病房與安

寧居家療護夜以繼日，後半段則進行「安寧療護與生死學」的社會教育，近十五年國內外演講超過三千場。以我的臨床經驗，末期病人在臨終階段時常會看到已不在人世的親友或更高的主宰要來帶他走，稱為「臨死覺知」。美國有安寧護理師寫了《最後的禮物》談論此事，成為亞馬遜網路書店的長銷書，臺灣醫護界甚至安寧界多不敢列入記錄，只當成私下聊天的素材。

我有個假說：人界和靈界相通且共存，但為保護人類不錯亂，除少數人天生陰陽眼外，多數人看不到另一個世界。一旦進入臨終與瀕死階段，可能為方便讓人跨進另一世界，而臨終者經常會打開第三隻眼（天眼）、看見另一個世界。我常在演講時對學員開玩笑，「將來如果你進入這個狀態，麻煩你趕快傳簡訊給我，這樣才能證實我的假說。」當年有手機之後，我跟相熟的末期病人說：「你將來到另一個世界，方便的話打手機，不然就傳簡訊給我，告訴我你在那邊過得怎樣。」我的手機〇九五五七八四七四八是二十四小時開機的安寧諮詢專線，已持續四分之一世紀，部分是為了這個約定。只是到現在為止，我從未接到「鬼來電」或「神來電」。我無法證實「靈魂三世的法則」是否正確，但作為一種假說，或許能刺激讀者思考今生、死亡與來世。

我們從來就不是孤獨的個體

廖文君，人生整理教練

人生與死亡是密不可分的「一體兩面」，就像自己與他人、萬物生靈，都同樣地在這個已知的世界當中旅行。而「我／自己」也從來不是單純的個體，是與所有的生命共同分享彼此碰撞出的火花及相對應的體驗。如果我們要過好人生，就需正視死亡，明白這是靈魂的不同階段，並無差異。

本書著於十九世紀，但在現今來看，依舊蘊含著力量。就如同作者在書內提及，不同靈魂的思想、精神會延續、循環，跨越時間後再彼此承接；我們從來就不是孤獨的個體，是宇宙、神靈、亡者、還有即將出世靈魂的同伴，而所有的因果，也都是我們對於自身行為的一面鏡子而已。看清死亡，然後好好的生活。

鍾穎，心理學作家、愛智者書窩版主

走在勇敢探索未知的路上

心理物理學的出現是心理學得以誕生的曙光，而費希納則是將心理學議題導入科學領域的第一人。他以「心理物理」（psychophysical）一詞為自己的學科命名，這本身就意義非凡，因其明示著對唯物論的反對。換言之，人非機器，而是同時擁有靈魂與肉體的存在。從本書能看出幾點事實：

(1)每個人都有靈性的需要，市井小民如此，費希納乃至帶出物理學革命的牛頓也是如此。但我們很少將之系統化，恰巧是像費希納這樣有才華的科學家才有辦法做到這一點。

(2)身為一位科學家，他直言不諱地談論靈魂，但當代心理學家反而傾向閉口不提。當中的防衛機轉引人遐想，為了讓心理學「長得看起來像」科學，心理學對戴上科學的人格面具一直樂此不疲。

(3)他坦言寫作動機是受到了一系列相關的影象所吸引且喚醒——潛意識內容的入侵，某種神祕的原型經驗，這在榮格心理學中討論甚多。但本書缺乏薩滿或神祕主義者在通靈或天啟時的異界描述，故可推測，他並不完全是一位靈媒式人物，他寫作的主要依據是物理學，這點書裡有說明。

(4)書裡的許多論點都具備了「集體潛意識」的雛形，這點毫不令人意外。任何願意運用理性來思考靈魂議題、研究心靈現象的人，都會得出相近的結論：想法與感受常常是外在於自我的。費希納認為是有別於自身的靈魂，榮格則認為是潛意識的情結或原型。

(5)書中指出，喚起記憶即是召喚亡靈的方式，這一點尤其意味深長。如果具備榮格心理學的知識，亡靈如何與生者產生聯繫就可以做出細緻的推論。我曾在他處多次說明此現象，此處不再贅述。唯費希納憑藉個人觀察與當時有限的心理學知識就能得出此結論，特別令人佩服。

(6)費希納認為沒有天堂也沒有地獄，有的只是一連串相近靈魂的整併。意識會延續，每個個體最終都會成為整體的一部分並隨之進化、展露自身。由於對善惡與果報著墨甚少，因此他的觀點並非一個新興的宗教。相反地，而是深思熟慮後的結果。

人，是一個完整的人，但當我們在談論科學家及其生平時，總是偏重描述他們「科學」的那一面，其餘皆刪去不論，彷彿他們的右腦未曾運作，彷彿他們活在文化歷史的中空，未曾有過對生命的觸動以及對死亡的焦慮。本書的首要意義就在此處，亦即在心理學的誕生之際，靈魂曾經是先驅研究者們的重要關切，而不僅僅是那些可量化的感覺數字（費希納提出的韋伯定律就是第一組以數字來描述個人感覺的公式）。這補齊了我們現今對心理學的狹隘認識，我們就算不是避重就輕，也是斷章取義地擷取了心理學家的生平與觀點，只為了符合某一種對科學的想像。事實上，科學態度是勇於對「未知」採取好奇與堅決探索的態度，這種態度放在整個人類歷史來說是非常晚近和年輕的。而所有打開這本書的讀者，都一起堅定地站在了這條勇於探索未知的路上。

具名推薦

吳若權，作家

厭世哲學家，粉專「厭世哲學家」版主

引言

我很高興能接受翻譯者的邀請，為古斯塔夫．希爾多．費希納這本談論死後世界的特別著作提供簡短的介紹文字，特別是在需要恰當理解書中一些極為晦澀難懂的詞句時，協助讀者熟悉這些詞句與費希納整體理論系統間的關連性。

在物理學界，費希納以電常數（electrical constants）成為最早且最優秀的定義者之一而聞名，同時也是原子論的最佳系統性辯護者；在心理學領域上，費希納經常被讚譽為第一位採用實驗方法，以及第一位抓準事實之精確性的研究者；在宇宙學方面，費希納以開創了一個「使意識（即精神世界的感受性）與整個實體世界產生關聯並同步」的演化系統而聞名，而此一系統同時也將自然法則細節和物理性質觀念納入考慮；談到立書著作，費希納以米塞斯博士（Dr. Mises）為筆名，發表用特定幽默體裁所寫的半哲學性論文打響了名號——事實上，這本小書一開始便是以米塞斯博士之名發表；在審美觀方面，費希納則稱得上是最早有條理、有系統地「以經驗為基礎」進行研究的研究者；在玄學領域，費希納不僅創建出一套獨立推演之倫理系統，更是一位極為詳盡的神學理論作者。

簡而言之，費希納的心智就像是由形形色色的不同真理所組成的交叉道路，僅偶爾被人類之子所占據，而所有事物在他的心智當中，都能被安排到恰到好處的位置。耐心觀察和大膽想像這二個特質共同存在於費希納身上，而且，他的洞察力、理解力及鑑賞力，都在不干擾彼此作用的情況之下，獲得最大程度的成長與發展。

與多數哲學家不同，費希納並不十分關注純粹的邏輯性抽象思考，但就算如此，他仍然能夠被稱為一位「偉大」的哲學家。對費希納來說，抽象概念是實際存在的；而且儘管費希納是一位能在意義上和技術上於有限範圍內探討各種不同科學議題並獲得成功結果的專家，但他之所以關注這些議題，只是為了攻克自己的一項總體目標：希望能更系統化、更完整地描述他所提出、稱為「光明觀點」（daylight-view）的世界觀體系。

站在與黑暗觀點（night-view）相對立的光明觀點論述，費希納要表述的是一種反唯物論的觀點——根據此一觀點，**整個物質宇宙在精神上是活**

著、而且在意識層面上是活潑而充滿生氣的，而不是無生命的。在費希納心中，幾乎所有著作或許都與他最普遍感到興趣的此一領域有所連結。

漸漸地，把費希納的見解視為荒誕無稽的唯物論世代，被更具想像自由的新世代所取代。這類哲學思想的領導者，像是保森（Paulsen）、馮特（Wundt）、普雷爾（Preyer）、拉西茨（Lasswitz）等人，在著作中都將泛心論〔1〕視為真實可信的，並同時以崇敬的口吻提及費希納這位泛心論的作者。有了年輕世代的加入，讓費希納的哲學觀在科學領域蔚為流行。

想像一下，如果英國哲學家赫伯特．史賓賽（Herbert Spencer）在他的整體理論系統及其不斷對事實的抵觸上，加入正面、具宗教性質的哲學觀，而非史賓賽式、枯燥無味的不可知論〔2〕；如果他在所提出之沉重嚴肅的推論中，混以幽默及輕快的理論說明（即便那是德式輕鬆）；如果他更為淵博、更加敏銳；如果他所展現出的人生與他追求真理的人生同樣單純……。所以我說，如果可以，只要想像一下，你或許就能了解費希納這個名字代表了愈來愈多的意涵，還有他在自己的祖國，也就是德國那些勤奮好學的年輕學子間，所獲得愈來愈高的尊崇有些許概念。

整個物質宇宙在各種不同跨度、波長、內涵和表象皆為有意識——費希納

此信念似乎注定會成為一門隨著時間而發展得更為系統化且穩固的學派。

現今依教條寫作方式所寫成的短篇論文，其大致的立論背景可見於《日視角》（Tagesansicht，完整書名應為「日視角與夜視角」）、《天堂與彼世》（Zend-Avesta），以及費希納著作的其他作品。一旦掌握「內在體驗即真

實」與「物質不過是內在體驗由外在對彼此產生影響時，各自展現之可能形式」的唯心主義概念，人們便能容易地去相信：**意識（也就是內在體驗）絕對不會起源於無意識或自無意識發展出來**，而且，**意識及物質宇宙永遠都是同一現實的相對面向**，如同一條曲線有凹凸兩面一般。

費希納所謂「心理物理運動」（psychophysical movement，又稱精神物理運動，費希納是心理物理學界的大師，這是心理學中研究物理刺激與感官認知的學科），在現實中是相當意味深長的名詞。「運動」表示會有變化的「方向」，「心理」則意味著該方向可視為「趨勢性」，並可表現為一切與趨勢性相關的內在體驗，像是欲望、努力和成功。

儘管「物理」給方向下的定義可能是空間性名詞，並且會以數學公式或以描述性「定律」的形式加以闡述，但人類活動是可以互相疊加甚至互相混合的，較小的在較大的之上，就像是微小波浪積聚在大浪之上一樣，這在心理及物質的範疇皆可成立。

從心理學的層面來看，我們可以說，普遍的意識波浪乃源自潛意識的背景，而其中某些具有重要性的部分，就如同抓住陽光的浪頭。

整個波浪產生的過程是有意識的，只不過，意識那明確的浪頭尖端所延伸的的範圍是如此狹小，以至於它立刻與波浪的其他部分隔絕開來。這些浪頭尖端意識到自身的與眾不同，就如同細枝可能只意識到自身，卻忽視遺忘了孕育自己的樹。然而，當與意識波浪的其他部分隔離的經驗片段消逝時，會留下此片段本身的記憶，而剝離了意識浪尖的剩餘波浪，以及其後再產生的意識波浪，便變得有別於那已產生過的——在物質世界的角度，這代表：相當於該意識浪尖的大腦處理程序，永久性地改變了未來大腦活動的模式。

根據費希納的理論，**我們的身體都只是浮於塵世表層的微小波浪**。我們成長在這個世上，就如同生長在樹上的樹葉，而我們的意識發源於整個地球的意識——但我們遺忘了要去感謝的世界意識。這就好像我們的意識中發生了一個引人注目的經驗，這個經驗令我們忘記了事件發生的完整背景——事實上，若無這個背景，此一經驗是無法產生的。不過，一旦該經驗再次融入背景之中，它便不會為人所遺忘——亦即這個經驗會被牢記。既然這個經驗被銘記在心，便能引人走上更自由的人生道路，而此一經驗及其本身所具有的意識思想，也將與無數相同的、由其他被記憶事物所產生的意識思想相結合——即使在我們與比我們存留更久的整個經驗系統逝去之時，亦然。

在我們的肉體存活的期間，即使從更普遍的意義來說，**我們的意識永遠是「被包裹住的意識」，但是，我們的意識本身對此一事實卻未曾多加留意關注**。如今，在以記憶的形式印刻於塵世當中後，這些意識便在其中引領思想生命，並且體悟到自身不再孤立隔絕，而是和其他人類所遺留的相似殘跡一起，帶著這一切進入新的組合、再次被存活者的經驗所影響、並反過來對存活者造成影響。簡單一點來說，就是享受伴隨著用當前活動開始書寫之主題所定義的、存在的「第三階段」——即永恆的清醒。

對費希納而言，**神即是整個宇宙的整體意識，地球意識是其構成元素的其中之一，正如你我的自我意識逐一構成了完整的世界意識一般**。基於我對費希納的理解（雖然並不是很有把握），整個宇宙——因此也包括神——是隨時間演化而來的：意即神亦具有真實歷史。

神透過我們，作為祂塵世經驗具人性的代言人而豐富其內在生命，直到祂亦消亡，進而透過更廣大內在體驗組成元素的形式成就不朽——如今，祂的歷史被編織入了神的全體宇宙生命。

從讀者的角度來看，意識的整個系統架構是依據我們自身內在生命的跨度在收短與增長之間輪流交替的事實所建構，你無法描述意識當下所處狀態的確切輪廓，那些會淡入更為全面的背景當中，而即使時至今日，這些背景中仍存在著已準備好、有待發掘的其他狀態。此一背景最初在實際上，是以我們所殘存、僅被部分刺激的神經元素之樣貌出現的核心外觀，然後才是更為間接的、我們稱為「自我」的完整生物體。

這種劃分上的不確定、還有起點不停變幻的事實，皆與費希納的推論相似，只是這樣而已。費希納的理論中有許多不易理解之處，但那些費希納自身領悟的複雜理論、他所接觸到的那些微妙之處，都令人讚賞。

由上述之差異極大的動機，以及前述不同論點之舉證當中，發現費希納的見解與我輩當代哲學家的見解如此貼近是很有意思的事。美國哲學家喬西亞·羅伊斯（Josiah Royce）在吉福德講座中所講述的〈世界與個人〉（The World and the Individual）、F·H·布拉德利（Francis Herbert Bradley）所著《表相與真實》，以及阿弗烈德·愛德華·泰勒（Alfred Edward Taylor）所著《宇宙哲學的構成要素》，都緊隨費希納之後，將費希納的見解以符合各自想法的方式呈現出來。

威廉·詹姆斯（William James），一九〇四年六月二十一日新罕布夏州巧克魯瓦山（Chocorua, N. H.）

〔1〕又譯「萬有精神論」，泛心論者認為宇宙萬物皆有心靈，即使是無機物也一樣。費希納便是此論著名的主張者。

〔2〕史賓塞以「有機比擬論」和「文化進化論」著稱。至於「不可知論」則是一種唯心的認識論，認為感覺之外的世界是無法認識的，此概念為T．H．赫胥黎（T. H. Huxley）所提出，而史賓塞的觀點則是：人類的認識領域分為可知與不可知，前者人類可以透過經驗來形成知識，是科學的世界，後者主要經由直覺、信仰，人類無法於此建立科學知識。

推薦 3
引言 12
第二版作者序 27
第一版作者序 33

1 死亡不是真的死亡 35
死亡，只是讓你成為更自由存在的第二次新生！

2 你正在建構「死」後的世界 43
不只有偉大的靈魂，
每個內在強大的人類都會在下一個世界「醒來」！

3 你的靈魂存在著其他的靈魂 63
好的與壞的靈魂、真實的與虛假的靈魂，
都會彼此競爭，想要占領你的心靈……

4 要當懷抱清明意識的靈魂 77

很多人的靈性之眼與耳都無知無覺，
被外來之靈驅使，朝著自己一無所知的對象和目標前進……

5 生靈與亡靈的交會 85

一個人「身後」留在人類記憶中的事物，
必須是愛、尊重、榮譽和讚美這些寶藏。

6 透過聖者的靈魂接受神的教誨 99

真善美的靈魂會透過理解更高階層思維，
而成長成更優秀的靈性生物，且最終將會被吸納進入神性當中……

7 進入彼世——生命的第三階段 109

只有曾經完全純淨且真實的靈魂，
才能在彼世坦然無愧地出現在其他靈魂當中……

8 「死」後靈魂的進一步學習 125

在塵世是最好與最高階層的生命，
在另一世界也只會為至善與至高而存在！

9 靈魂在第三階段的成長 137
你是世界的一部分，所以你自身所見，
也是世界觀察它自身所見的一部分……

10 靈魂出竅與見鬼 159
這一世法則的例外，
只不過是更偉大生命法則同時包含了兩個世界的例證！

11 相信彼世的存在 175
你必須只相信更高階層靈魂的存在，而且你即是它。

12 信仰不需要是非題 181
你不是扎根於信仰之中，而是結出信仰的果實。

第二版作者序

這本小書的初版是在西元一八三六年，以「米塞斯」這個筆名、由我去世已久的友人兼書商暨作家格理默（Ch. F. Grimmer）出版。

就如同我此世的人生那樣，這本屬於我生命一部分的小書默默地獲得了成功，這也讓我對接下來的第二版抱持滿懷期待。

隨著出版過了許多年，其他同類抄本已經在逐漸減少之中。雖然接下來發行的第二版，我交給另外一間友好的出版社發行，並以我的本名將本書獻

G. Th. Fechner.

給與我故交、已逝去之摯友格理默的愛女們，但是我深信，以本書所提出的特有觀點看來，我大概正以摯友最喜愛的方式，將本書回饋給他。

關於本書早期的素材，格理默確實有些永久的、心靈上的主張；而這主張主要源自我們對一位共同友人比爾羅特（Billroth）所提出之概念的討論結果。儘管該概念僅被比爾羅特粗略的敘述和支持，但仍在我的心中扎下深根，那是一顆能長出參天大樹的小小種籽，格理默則是幫忙鬆土的人。

請容許我在此加上一個願望：

祈願吾友如此美麗而又被如此遺忘的曲調，還有這本已多半被世人遺忘的小書，能有再次流傳的一天。這兩者的創造進展在與我日日相伴的期間是如此的緊密相依，以至於它們如同混雜交錯的旋律，在我的記憶中反覆地迴響。

它們擁有簡單的魅力，持續的時間或許會比未來的音樂還要長久——這是因為：雖然聲音能掩蓋美好，但美好將比聲音更久存，所以一開始的喧囂吵鬧並無法持續留到最後。

坦白說，若我不相信美好與真理同樣是真實的，我又要如何對本書在未來所獲得的評價有所期盼？

至於以我的本名取代之前所用的筆名「米塞斯」，則純粹是基於私人的理由。

這本短論，原本是以我其他作品的主要觀點的分支形態出現，不過它成了後來我以本名費希納所創作一系列著作的最初之作，而且這些系列創作或多或少與它相呼應——

基於這個原因，本書或許能視為這些系列之作的共同起源。

最後一點，這些系列創作的分類結果是依據它們是否能與我們這個世代之前的作品形成互相關聯的生命理論，而這理論是否能部分支持或相對地為本書的內容所支持。

本書僅是簡潔表述的觀點，更進一步的實踐，可在《天堂與彼世》的第三部找到。

最新的這一版，僅針對初版不重要的部分加以修改，並擴增了一部分的內容。

古斯塔夫・希爾多・費希納

第一版作者序

本書所提出的觀念——亦即「**死者的靈魂在生者之間依然獨立存在**」這個想法——最早是透過與吾友比爾羅特教授間的對談，以及其後我在萊比錫（Leipzig）和現今在哈雷（Halle）的生活所帶來的啟發。當這個想法以一系列彼此相關的影像吸引我，並喚醒類同的思路時，它便同時有了明顯的形式，而且經由某種強制發展的過程，延伸到更為高等存在之神的靈魂這個概念上。

於此同時，本書中觀念的起源，截然不同於一般宗教那些更直接符合教會教義的哲學脈絡——尤其是關於永生信條這個部分，而這使得比爾羅特在近乎全部的主體部分偏離了本書的基礎觀念，因此，儘管我認為有必要正其作者之名，但我不再敢於稱呼他為本書觀念的擁護者。這位哲學家對本書討論議題的觀點，將於他即將面世的作品中做進一步發展。

米塞斯
寫於加斯泰因（Gastein），一八三五年八月

1

死亡不是真的死亡

死亡，只是讓你成為更自由存在的第二次新生。

人在世上存活並不是僅有一世，而是三世。

人生的第一個階段是一場持續的睡眠，第二階段是睡眠與清醒的交錯出現，第三階段則是永恆的清醒。

在第一階段，人是在黑暗中獨自存活；在第二階段，則是與同伴一同生存，彼此接近或共同生活，卻又維持獨立分離的狀態，並且生活在能為他描繪出外在環境的光亮中；在第三階段，其生命與其他靈魂的生命交織在一起，成為至高靈魂生命中的更高生命，並且能辨別出有限事物的本質。

肉體在第一個階段從「種籽」萌芽發展，並演化出第二階段所需的配備和技能；靈魂在第二階段由「蓓蕾」中出現，同時體悟出為第三階段所準備的力量；在第三階段中，**蟄伏於每個靈魂中的神性火花**得以發展，而這些神性火花早已藉由知覺、信念、情感及天才敏銳的洞察能力，揭露一個**超脫於人類的世界**（彼世）——儘管那一個世界對靈魂而言清晰如白晝，對我等凡人卻是晦暗不明。

・・・・・・

從第一階段到第二階段的過程稱之為**新生**；而從第二階段至第三階段的過渡則稱做**死亡**。

我們由第二階段進入第三階段的方式，其實並不會比從第一階段過渡到第二階段更為隱晦。只不過，前者是**通往世界的表層**，後者是**通往世界的內部核心**。

然而，就如同第一階段的「稚童」對生命第二階段所有的榮耀與喜樂仍舊猶如眼盲耳聾，而且由母親溫暖身軀中出生是如此的艱難痛苦，所以在對外部的新環境產生意識前，他會有一瞬間的感覺如同死亡——他早先的存在結束了，如今我們所有的意識都囿限在狹小肉體的存在裡，對第三階段的壯麗、和諧、光輝及自由都一無所知，因而會輕易地**誤將**引領我們步入第三階段那黑暗、狹窄的通道當作一個沒有出口的隱蔽陷阱。

然而，**死亡只是讓你成為更自由存在的第二次新生**，靈魂會從自己那微不足道的外罩（皮囊）破繭而出，並且不再怠惰與懶散——就如同孩童在第一階段新生時所做的那樣。

在這之後，雖然所有事物僅能以外在表象的樣貌、並僅能以此樣貌從遠處透過我們現下的感官來觸及我們，但如今我們會從內在感受和體驗**這些事物最深處的真實**。

如此一來，靈魂將不再遊蕩於山巒與田野之間，或是被春日的愉悅所圍繞，然後哀歎這一切對他來說只是表象；因為超脫了塵世局限，他將會感受到**成長的全新力量和喜樂**。

他將不再需要透過那些勸誘性的字句來在他人身上產生思想，而是經由作用在彼此靈魂最直接的影響來促成；他不再受到肉體的阻隔，而是在靈魂層面獲得統一，他將感受到創造性思維帶來的喜悅；**他將不再僅以表象的形式出現在未亡的所愛之人面前，而是安居在他們靈魂的最深處，並且所思所行皆在他們靈魂中或透過他們的靈魂而展現。**

2

你正在建構「死」後的世界

不只有偉大的靈魂，每個內在強大的人類都會在下一個世界「醒來」！

未出世的嬰孩僅具有肉體的框架和成形中的規範，它會自主創造並發展將完整成長的四肢。

然而，未出世的嬰孩尚未具有「四肢部件是其所有物」這樣的感受，因而在此時，知覺並不為它所需，也無法被使用。對他來說，精緻的眼眸和美麗的嘴唇都只不過是下意識裡需要創造的物體，他並不知道這些物體或許能成為可被他使用的部分——它們是這嬰孩為對自己而言尚一無所知的世界所創造的，它們是由這嬰孩不易辨識、並且顯然僅基於母體組織的刺激而成形的〔1〕。

然而，在嬰孩成熟到足以邁入生命的第二階段後，便脫離了象徵供應他早期需求的器官，將諸拋於腦後。突然之間，他意識到他自己是所有自身建構成分的自主集合體。眼、耳及口現在都「屬於」了他；即使這些器官只是他憑藉模糊的先天感知所創造，如今他也在學習並理解它們的寶貴作用。若他能令如今才剛剛向他顯露端倪的器官功能變得實用且強大，這個以光、色彩、聲音、香氣、滋味和感受所構成之世界才會被為此目的而創造的器官所感知。

• • • • • •

第一階段與第二階段之間的關連會以某種形式出現在第二階段與第三階段間的關連性中，並且更加強烈和深刻。我們在這個世界的所有行動與意願都是為了給自己打造一個有機個體，並使這個有機體在下一個階段的世界中**被我們當作自己的「真我」**加以感知並使用。

人一生當中從自身所散出、貫穿人世與自然的所有心靈影響，以及生命所傳達表現出的一切成果，都已然藉由一種神祕而無形的連繫統合在一起。這些影響與成果，是人的生命（有機個體）在「依舊與精神體綑綁在一起」的狀態下，所能運用之「精神上的四肢」。

然而，對始終未獲得滿足、不斷向上擴張其力量與行動的人類而言，即使這「精神上的四肢」與他當下的存在密不可分地交織在一起，他仍然只在表面對這精神上的四肢有所覺察。只有在斷絕了「精神上的四肢」與其有機存在間的連結後，他才能將這「精神上的四肢」視為自身的所有之物。

也就是說，直到死亡的那一刻，當人類與他所渴求並耗費了無數努力創造的器官就此分離時，他會立刻有所意識——

他終於意識到了他先前在思想、力量及效果的世界中生活所展現出來的一切生命結果，這些結果依舊延續了下來並持續發揮作用，並如泉源不斷湧出泉水，同時他的內在依舊承載著他的「有機整體」〔2〕。

這樣的存在形式如今充滿生氣、有覺知且獨立自強，並同時根據他的天命，以他自身完整獨特的力量影響甚至掌控著人類及自然。

‧‧‧‧‧

任何人的一生中，不論在創造性、構成性或維持性方面對宇宙萬物的意識（宇宙、經驗世界由心智所產生，人類唯心主義）做出何種貢獻，都會成為他不朽的部分。這些不朽的部分在第三階段中將持續運作——即使是在第二階段運轉所繫的軀體早已毀滅的狀況下。

那已然逝去的百萬人所獲得、所完成及所思的一切，並未隨著他們的離去而消逝，也不會被接下來數以百萬計的未來世代將獲得、完成及思考的一切所抵銷，而是會**持續發揮其力量**，自發地在這些未來世代的身上展現出來，並推動著他們朝向僅憑他們自己無法察覺的大目標前進。

這種理想化的延續生存，在我們看來似乎確實只是一個抽象的概念，而亡者靈魂所帶來的持續影響，對生者來說也只是一種空虛的想像。

然而，**這不過是從我們的角度看起來如此罷了！**之所以會如此，是因為活在第二階段的我們沒有力量感知到第三階段亡者的靈魂，進而從中領會到靈魂命中注定且永恆的真實存在；我們只能辨認出它們的存在與我們的存在之間的連結紐帶——即顯現在由它們傳達給我們的那些概念所帶來的內在增長部分。

舉個例子來說明，即使一塊石子沒入水中後所留下漣漪的接觸，在每塊石子周圍生成「仍會投射在水面上的」全新波紋，那原始的漣漪依舊保有自身連貫的圓周，而這連貫的圓周會擾動並傳遞至其所能及的範圍當中，但石子所能意識到的，只有完美線條的斷裂——我們就是這樣無知的實體。不過，我們還是和固定不變的靜止岩石有別：**即使在我們仍存活於世上時，也可以在自身周遭發散持續不斷的影響力之源，而這影響力之源不僅會擴展至他人周遭，也延續到他們的內在。**

事實上，在每個人的有生之年，他，以及他所帶來的影響力已然藉由文字、榜樣、著作及行動植入人心。

例如德國戲劇、詩詞與自然科學創作家歌德（Goethe）尚在人世時，當代數以百萬計的人便已承接了他靈魂的火花，從而燃起全新的火焰；又如拿破崙（Napoleon）一生的精神力量幾乎完全浸透了他的那個世代。

當歌德和拿破崙逝去時，這些進入周遭世界的生命支流的根源（亡者生前的靈魂火花）**並未一同隨之消亡**；會因他們的逝去而失去效用的，是誕生進入塵世的新生命支流的那個動力，而這種由一個獨立個體所產生、同時它們整體會再次形成一個獨立個體之成長與表現形式的新生命支流，如今是以一種相似的內在覺知的狀態產生，並且如同它最初的開端那樣，甚至無法被我們所理解。

仍舊會有一位歌德、一位席勒（Schiller，著名詩人、哲學家、歷史學家和劇作家）、一位拿破崙和一位路德（Luther）在我們當中活著，以遠比在他們死亡時還要更成熟的、以已覺醒之富有創造力個體的身分，在我們當中思考與行動——不再為肉體的極限所囿，而是源源不絕地傾注於這個他們終其一生所塑造、為其歡喜並支配、影響的世界。同時，這些人物的人格特質如此超凡，遠遠超過我們仍在試圖辨明的、來自他們的影響。

話說回來，耶穌基督可謂至今仍存留於世並且保持活躍的強大靈魂之最佳例證。基督存活於他的信徒當中這件事並非只是虛言；每位真正的基督徒不是僅將基督置於心中的相對位置，而是占據了絕對的地位。

每位信徒都是基督的追隨者，不論行為或思想都順服於他的法則，因為基督乃是激勵這些信徒所各自產生之行為及思想的原動力。

基督將其影響力藉由他的教會和所有通過他的精神彼此依靠的成員而擴大，那就像生長在主幹上的蘋果與藤蔓分枝的關係——「正如身體雖然是一個，卻有許多部分；而身體的各部分雖然有很多，卻是一個身體；基督也是如此。」（《哥林多前書》，第十二章，十二節〔3〕。）

然而，不只是那些偉大的靈魂，**每個內在強大的人類**都會在下一個世界中醒來，並且有一個結合永恆靈性成就和影響的有機體。縱然這些靈性成就和影響尚未在此有機體完全體現和表達，但或多或少有部分實現，同時也具備多少能使其繼續開展的力量——端憑這個人生前對靈魂做出的提升與取得進步的程度。

至於那些緊握世俗不放，而且僅把自身能力用於追求物質生活及滿足身體享樂和需求的人，將會發現生命所殘存的部分十分微不足道。

因此，若只憑藉金錢，最富有的將變成最貧窮的，而若以自身力量實在地贏得自己的人生，最貧窮的將搖身一變成為最富有的，這是因為——每個人在此生的作為會成為他在下一個世界所擁有的一切，而只憑藉金錢，就等於這些金錢就是此生花用金錢之人帶來到新世界的一切。

我們現今在靈性生活方面的問題，以及對發掘真理的渴望，儘管當中有一些對我們似乎並無太大助益，但每一個真正的靈魂，都為了對後代子孫、對良知有益的事情，以及對我們因惡行而衍生出之深沉痛苦之懺悔等，付出其最大的努力。

這是因為——

即便當下的這些惡行並不會為我們帶來什麼損害，但我們卻強烈地預感到，當下我們這些最微小和最隱密之作為所引發的結果，都將成為真實自我的一部分。

每個人都能為自己建構未來生命的狀態，是世間最偉大的公平正義。

行為不會經由外在的獎懲回報到個人身上；基督徒、猶太教徒及異教徒一般認知中的天堂與地獄並不存在，死後靈魂並沒有天堂和地獄可去。靈魂不會向上躍升或向下墜落；它不會停滯不前，它不會支離破碎，也不會融入宇宙之中；但在通過死亡這一重大轉變後，它將根據作用在世間、不可改變的自然法則展露自身，穩定逐步向前，同時安靜地接近並進入更高的存在。

此外，此人在另一個世界所占有的有機體是健康或病弱、美好或可憎、強壯或虛弱，取決於此人曾經作為的好壞、行事的高尚或卑劣、勤勉或無所事事，而他在這一世的隨意行為，也將決定自己與其他靈魂、自身命運，以及讓他能在另一個世界更進一步發展的能力和天資。

所以，積極並勇敢地活著吧！

今生遊手好閒者將於下一個世界停滯不前，緊握世俗一切不放者將會顯得愚鈍且懦弱，而虛妄及邪惡者會因為感受到自己的存在和真理、純淨的靈性不和而痛苦……。

不過，這些也都將成為驅使他改正並消除此生所為惡事的動力——即使是在另一個世界裡。而且，直到他徹底償還並彌補所犯下的、哪怕是最微小、（生前）最後的惡事前，都將不得安寧或安歇。

而當與他有關聯的其他靈魂已在神那裡長眠，或更確切的說，以關係者的形式存活於神的思維當中，（靈性成就不足的）他還是會被世俗生命的苦難和煩擾不安所糾纏，而他靈性上的混亂將使人們受到謬誤思想及迷信觀念的折磨，令他們做出罪惡及愚昧的行為。

在他追求第三階段成就的道路上受阻的同時，他也阻礙了，那些留存於世並寄存了其精神的人們從第二階段通往第三階段的道路。

・・・・・・

然而，無論那虛妄、邪惡和卑劣的可能，用何種方法持續占據上風多少時間，並與真實、美好和良善對抗以求存續，透過真理日漸壯大的力量，以及邪惡自我毀滅的力量不斷增強，總有一天，人靈魂中所有的虛假、所有的邪惡、所有的不純潔都將被征服、被徹底破壞，最終消失殆盡。單就此點而論，這即代表著——

只有靈魂中的真實、美好及良善才會永垂不朽。

而且，就算那些真實、美好和良善在靈魂當中僅如芥菜籽般渺小（如果連一丁點都沒有，那就沒辦法了），但透過洗滌生命中的罪愆、滌淨糟粕與渣滓——僅消除那些有瑕疵的部分，這微小的真、善、美將得以在第三階段存活，即使有所延後，那種籽仍將成長成宏偉的參天巨木。

所以，歡慶喜悅吧！即便你的靈魂在此受到苦難與憂傷的試煉，教規戒律將幫助你，在你這一生前進的道路上，與你所遭遇的障礙英勇奮鬥，並帶著更大的力量誕生於新生命中，你將迅速且愉悅地重獲命運在塵世拒絕給予你的一切。

〔1〕以下此敘述方式對生理學家來說或許更加清楚：在出生之前，一個幼兒的創始原則並不會在出生後繼續與他相伴，這原則在此時的確只是一種依賴、一個果實，而這些原則將在出生時被留在原處，並如同人類在死亡時留下的皮囊般被拋棄（胎盤、臍帶和

臍帶血）：透過這樣行動所浮現的，乃是延續生命的、年輕的人類（英文譯者艾利馮斯．李維〔Eliphas Levi〕注：對特定孩童而言，在其胚胎時期，胎盤即其肉體，而事實上，那也就是其特殊胚胎階段之主體，在其他階段毫無用途，在出生時便會被當作廢物捨棄。我們身而為人所擁有的皮囊，就如同我們的第二層外殼，而這層外殼對第三階段的生命並無用處，因此，在我們來到「第二階段的出生」之際便將其捨棄。與第三階段的神聖生命相比，人類的生命確實如同胚胎一般）。

（2）有機整體。此指柏拉圖提出的一個理論：事物乃是互相依存的部分所組成，例如身體由其構成器官組成。

（3）許多與這段經文相類似的聖經經文亦可見於《天堂與彼世》第三卷第三六三頁及之後的內容和《信仰的三個動機和原因》第一七八頁中。

3

你的靈魂存在著其他的靈魂

好的與壞的靈魂、真實的與虛假的靈魂，
都會彼此競爭，想要占領你的心靈……

人要使用各種方法去達成一個目的，神則只用一種方法來達到許多不同的目標。

·
·
·
·
·
·

植物認為，它是為了自己而於所在之地生長、隨風搖曳、吸收光與空氣、準備香氣與色彩以裝扮自身，並且與甲蟲和蜜蜂嬉戲。它確實是為自己存在，同時，它卻也僅是大地的一個毛孔而已。光、空氣和水在大地彼此相遇，並共同參與了對所有塵世生命都極為重要的生命過程，而植物存在於大地，使大地得以吐息和吸氣、為自己編織出一襲綠色衣裝，並為人類及動物帶來營養、衣飾和溫暖。

人類站在自己的立場來看，他對自己身處於世的認知，同樣是僅為了自身，為了自己身與心的成長而享樂、工作和創造；的確，他是為了自己而存在，但同時，他的身體與心靈也只是個**暫居之所**，除了讓更新且更高階的刺激進入、混合與進一步發展，同時也埋頭致力於參與、進行各式各樣會構成人類情感與思想，並且能夠為這些情感與思想在生命的第三階段取得更高等意義的過程。

．．．．．

人類的心靈是他自身的所有物，卻也是更高等智慧的所有物，而由人類心靈所展開的事物也不例外，同樣歸屬於人類自身與更高等智慧，但達成

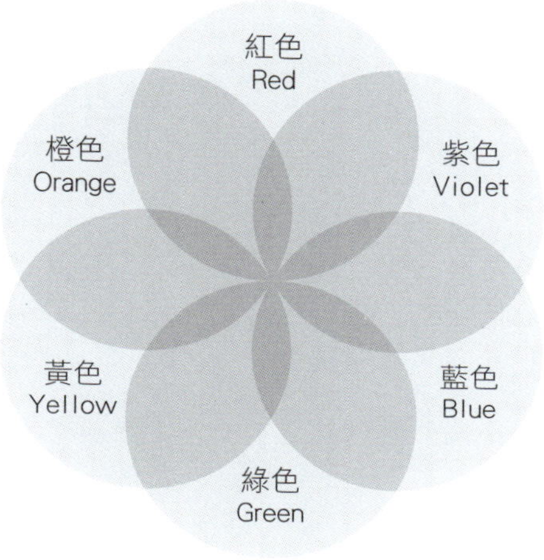

歸屬的方式並不相同。就像在這張作為象徵、而非打算用作為代表的圖示中，位於中央的五彩斑斕（此處為最深灰色）六芒星可視為單獨存在之物，並擁有自己的協調性；由中心開展的光芒因此以互相關連且和諧的方式連接彼此。從另一個角度看來，這些光芒似乎由六個連鎖在一起的單色圓再次彼此混合，而每個單色圓本身皆獨立存在。如同由各顏色重疊所形成的放射光芒，同時也是其單色圓的一部分，人類靈魂亦是如此構成。

人類並無法時時刻刻察覺自身的想法從何而來：他會被某種無法解釋的渴望、某種不祥的預感或喜悅所控制；他會被驅策去產生積極活動的力量，或是聽從內心的警告加以迴避，而這一切都在他**沒有察覺到任何特殊原因的情形下**發生。

以上所有，是那些有別於其自身的另一中心的靈魂在他內心所思所為，所留下的探訪痕跡。當我們處於非正常之狀態下（發生異常感應、「半夢半醒」之間或有心理疾病時），這些痕跡的影響力在我們的內在會更為明顯，此時它們與我們之間實際的相互依存關係，是它們的作用占上風，因此，我們僅能被動地接受源自它們的一切，甚至無法做出回應。

然而，只要人的靈魂是醒覺且健全的，它便不會成為在它之中生長、貌似構成它的那些靈魂的孱弱玩物或產物，相反的，正是帶有原始蓬勃生機和充滿靈性力量之吸引力的它，統合了那些靈魂與無形中心。

所有靈魂的力量都在它（人的靈魂）之中合一、交錯，並透過交流彼此引發思維見解，但這並非因靈性的混合而產生，而是**在人類誕生之時便與生俱來**，諸如自由意志、自決、意識、理性，以及所有靈性力量的基石……，都囊括於此。只不過，在人類誕生之初，這一切都僅潛伏於內在，如同尚未萌芽的種籽，等待著生長成充滿生機及獨特活力的個別有機體。

因為這樣，**當人已然進入生命，其他靈魂會有所感知**，並且從四面八方匯聚過來，試圖將此人的力量加諸在它們之上，以期強化、加深它們自身的力量。不過，在成功達成這個目的的同時，這些靈魂的力量也會在同一時刻成為這個人類靈魂本身的所有物，被納入這個人類的靈魂當中，並且幫助他成長。

儘管是以不同的方式發生，立足於人內在的外來靈魂也同樣受制於人類意志的影響——如同人類依賴它們那般。

從一個人靈性存在的中心，他能夠同樣成功地使整合於他內在的外來靈魂獲得新成長，而這些外來靈魂也毋庸置疑地能對這個人生命的最深層面造成影響；縱使如此，**在和諧發展的靈性生命當中，並沒有任何一種會凌駕於另一種之上的狀況**。

由於每一個外來靈魂自身，都**僅有部分**與單獨的人類個體共通，因此，該靈魂所剩餘部分都維持在該人類個體之外，人類的靈魂**只對其具有啟發性的影響**。又因為每個人類的靈魂皆包含部分與範圍廣泛且彼此迥異之外在靈魂的相通之處，所以，來自其中單一外在靈魂的意志，對此人的整體而言，**也僅止能產生啟發性的影響**，只有在人類個體依照自己的自由意志，選擇全然否定那些單一外在靈魂時，他才會被剝奪掌控這些外在靈魂的能力。

並非所有的靈魂都能一視同仁地被整合在同一個靈魂當中；所以，好的與壞的靈魂、真實的與虛假的靈魂**彼此競爭**，想要占據那心靈，在爭鬥中取勝者便能堅守住地盤。

……

至於那些十分慣常在人身上所見的內心不和諧，只不過是源於外在靈魂希望占有其人的意志、理性，簡而言之，就是外在靈魂希望強占一個人最深層存在的本質時所產生的矛盾。當人感受外在靈魂於內在與自身達成一致時，會感到安寧、明晰、和諧及安全感，他**同時**也會因為覺察到內在靈魂的爭執不和諧而感到不安、懷疑、猶豫不決，困惑，甚至是敵意。

不過，在這場競爭中，這既非不費吹灰之力而獲的獎賞，也不是自願臣服的獵物，而落入最強勢靈魂手中，而是帶著發源自他存在中心的自主力量，站在意圖將他拉扯至外來靈魂陣營的競爭力量之間，並為他所選擇的無論哪一方繼續戰鬥。如此一來，當他將自身力量用於增援外來靈魂，而去對抗那更強大的外來靈魂之時，即便在我方力量並不強大的情況下，也能夠占據上風，甚至帶來勝利。

只要能夠保有其與生俱來之自主力量的自由，同時對使用此力量也不會感到厭倦的話，人的本我就能不受危害而得以維持。

然而話說回來，若一人還是常常受制於邪惡的靈魂，這可能是因為他氣餒失去鬥志而阻礙了內在力量的發展，所以我們可以這樣說，**光是輕忽和怠惰便足以使人的靈魂轉變為惡**。

對一個人來說，當他的本性愈是優良，就會愈容易變得更加優秀；同樣的，當一個人的本性愈是惡劣，也會更輕易地走向徹底的毀滅。這是因為良善者早已心懷許多善良的靈魂，這些善良的靈魂此刻已成為他的夥伴，一同對抗殘留於其內在、或是正要試圖擠進其內在的邪惡之靈，並同時為他儲備內在力量。

良善之人行善不倦，他內在的良善靈魂自會為他服務；至於邪惡之人，首先必須透過自身意志戰勝並壓制正極力爭取他加入陣營的邪惡靈魂，他內在的良善靈魂才可能為他服務。

此外，相似者會尋求同類並互相聯合，並在無外力介入的狀況下逃離與其相反性質者。我們內在的良善靈魂會吸引外界的良善之靈，反之，內在的邪惡靈魂也將吸引外在的邪惡之靈。

純淨之靈會欣然接受轉變，進入一個純淨的靈魂之中，而外在的邪惡之靈則全神貫注在人內心的惡魔之上。

因此，如果我們靈魂中的良善之靈占據上風，我們內在最後殘存的魔鬼便會潰逃，無法安穩存留於良善的群體之中；然後，良善之人的靈魂就會成為外來之靈所喜愛的純淨且神聖的永恆居留之地。

不過，即使是良善之靈，若它們對使一個靈魂擺脫邪惡靈魂的主宰感到無望，它們便會將其**捨棄**。因此，最後那靈魂便會成為地獄、成為只適合那些被詛咒者的受苦之地——因為邪惡之人良知上的煎熬、內心的荒蕪淒涼和靈魂的不安定，不僅是他們自身的不幸，同時也是他們內在那些受詛咒之惡靈，於更深層的困厄中所感受到的不幸。

4

要當懷抱
清明意識的靈魂

很多人的靈性之眼與耳都無知無覺，被外來之靈驅使，朝著自己一無所知的對象和目標前進……

更高階層的靈魂不僅棲息在個別人類身上，同時，每一個更高階層的靈魂還會延伸進許多人裡面。在靈性方面將人類以不論是從信仰或真理、抑或是以單一道德或政治傾向的形式統整在一起的，正是這些高階層靈魂。

所有彼此間具有靈性夥伴關係的人類，都可說是某一靈魂的身體，並以作為彼此一部分的成員身分，共同追求該靈魂於他們內在孕育來的理念。

比方說，一度存在於整個國家的單一理念，又例如往往會有一群人熱衷於某一行動——這樣的情況十分常見，正代表著一個強大的靈魂以極富感染性的影響力掌握了一群人。當然了，這些聯盟不僅僅是經由亡者的靈魂、也透過在生者間傳遞流動的無數新生信念而產生；然而，這所有由生者傳達到現世的信念，都已經是其未來靈性組織的一部分。

如今，當志趣相投的兩個不同靈魂在人類的生命中相遇，它們會透過共通的感受互相融合同化。在融合的過程中，透過它們之間的不同特性，它們會互相影響並讓彼此更為圓滿；而在同一時間，它們各自最初歸屬的社群、種族和國籍，也都會進入靈性層面的聯合，並且透過它們各自所擁有的靈性而得以更為豐富。

• • • • • •

因此，**人類第三階段生命的發展與人類發展的進度密不可分**。國家、科學、藝術和人際關係往來的逐步成形，以及人類生活領域不斷增長為一個越發和諧有序的整體，都是無數存活於人類個體當中並將其塑造成更偉大的靈性有機體之單一靈魂聯合並共同成長的結果。

若非如此，這依憑著無可撼動原則的輝煌王國要怎麼從糾結混亂的個人自我中心間建立而起？畢竟這些人類眼光短淺，在其立於中心時無法綜觀全局，立於邊緣時又無法分辨核心所在。無非是可以清楚綜觀全局的更高階層靈魂掌控了建立輝煌王國的方法，同時它們又全都圍繞著同一個神性中心，並因此在它們與神性相似的部分彼此相遇，同時也引領受它們影響的人類，在更高遠的目標下團結一致。

除了那些能和睦相處、友好交會的親善靈魂之外，那些**有所分歧的靈魂**間也存在著衝突爭端，所有陷入這種爭端者最終都會自我消磨殆盡，而只有那些純粹的部分得以永恆地留存下去。人類的歷史也有這種力量之戰的蛛絲馬跡，例如處於敵對陣營人們間的對抗、宗教之間的仇恨、親王與人民的爭端、國與國之間的戰爭與革命等等。

大部分的人帶著盲目的信仰、服從、仇恨和狂熱加入這些偉大的靈性活動——他們自身的靈性之眼與耳都無知無覺。

他們被外來之靈驅使，朝著自己一無所知的對象和目標前進；他們容許自己被帶往奴役、死亡與可怖的折磨之中，就如同羊群遵循著更高領導者的召喚一般。

當然，確實有人類懷抱著清明的意識及更深層的目的行動，引導並介入這個規模宏大的運動，但他們都只是達成偉大預定目標的自發性工具；也就是說，**透過這些人的自由行為縱然能夠決定這場運動的進行方式和速度，卻**

無法左右前進的目標。唯有那些曾在世界留下重大影響者，才能意識到其生活時空當下之靈性趨勢，並據此將他們的自由行為及思想導向該特定趨勢：至於那些能力相當但抗拒這股趨勢者，則早已被推翻。

這樣的人會被設定更崇高的目標、並知曉到達該目標更佳途徑的外來之靈選為其動力的全新中心點；而這樣的人並非作為盲從的工具，而是出於其自身動機和理智，為公正及智慧之靈所用。

受逼迫的奴工們無法提供最佳服務，然而，一旦人類開始侍奉神祇——不論以何種方式，他們都將共享神的天賜榮耀，在彼方更進一步。

5

生靈與亡靈的交會

一個人「身後」留在人類記憶中的事物，
必須是愛、尊重、榮譽和讚美這些寶藏。

生靈與亡靈確實有可能在**無意識的情況**下藉由多種方式相遇，而且，相遇時只有一方是有意識的情況也是可能的。

那麼，誰能夠追蹤並勾勒出完整的溝通線路呢？

簡而言之：生靈和亡靈會在彼此的意識中交會，但亡靈會在任何有意識之處無所不在。

．．．．．．

有一種讓生靈與死靈在交會時達到最高程度覺知的方法，那就是**生靈所**

擁有對亡者的回憶。將我們的注意力轉向亡者，就是在引起他們對我們的注意力，這就好像在一個活蹦亂跳的人身上所發現到的魅力，會對接收到他魅力的人產生相對應的吸引力。

儘管，我們對亡者的記憶，不過是一種回顧他們為人知曉的此生結局所產生的新意識，但亡者靈魂在另一世界的生命也會一致性地因此生靈的生活（因上述新意識）而有所不同。

即便是一位生者想起另一位生者，都可能引起彼此間有意識的一閃而逝之觸動，但此意識當下仍受限於身體的範圍之內，所以它起不了什麼作用。

然而，一旦此意識因為死亡而獲得解放（不再被肉身所限制），它便將追求自身的境界，並被更為迅捷有力的的力量所推動，因為它過去（生前）早就曾被頻繁且強力地運用和顯示出來了。

如同攻擊者與被攻擊者所同時感受到、完全一致的肉體打擊那樣，當我們以回憶的形式追想亡者的時候，雙方都只經歷到**對意識知覺的「同一個」衝擊**；不過，因為我們認為只有塵世這一方的意識存在，而沒有辦法分辨出另一方的意識來，所以我們會犯錯，而且這樣的失誤往往會帶來錯誤與失敗的結果——

被愛者與摯愛的另一半分離，妻與夫分離、母與子分離，他們徒勞地在遙遠的天堂樂園尋找已經從他們生命中撕裂割離的部分，他們徒勞地張大雙眼、伸手探入虛空中去追尋實際上從未由他們身上剝奪之物……。然而，這樣的分離割裂只是形體上的，因為此時他們之間透過外在感官交流理解彼此的外部關係，已經轉為透過內在覺知的內在交流，只是他們還未學會這樣的交流方式。

我曾見過一位母親（的靈魂）徨急不安地在花園和屋內尋找她還活著的孩子，而那孩子始終在她的懷抱中。更為謬誤的是，有個人向遙遠的虛空尋找逝者，但他只需要轉心向內，便能發現逝者其實與他同在。

那位把孩子擁抱在懷中、卻在花園和屋內尋不著孩子的母親，可曾徹底完全地擁有那孩子？

雖然那位母親無法再擁有或給予外部關係的滿足感（包括說出的話語、

一個眼神或親身照顧），不過，她將頭一次體驗到在**內在生命**中擁有以上提及的一切——只是，她必須理解確實有這樣的內在關係以及伴隨這樣的關係而來的優勢存在。同樣的，一個人不會開口說話、也不會伸手去觸碰我們以為已經不在這裡的逝者，但只要我們知曉全貌（指生者和亡者會在彼此的意識交會），生者與亡者都會重獲新生，而且亡者與生者都將同時獲益。

・・・・・

如果我們**確切地在腦中想著亡者**，而不僅是將其當作留存於心中的印象，那麼在那個當下他便是存在的。假使你能夠由心靈深處召喚他，他必到來；若你能緊抓住你腦中關於他的一切——也就是，你的感覺及思想都強烈到足以對他產生羈絆並留住他，他就會繼續存在。另一方面，他也將感知我們對他的想法是帶著愛抑或仇恨——愛意或恨意愈強烈，他就愈能夠清晰地察覺到我們對他的想法。

在此之前，的確你對亡者產生了記憶，而如今此刻你知道如何利用那記憶了。

你依然能蓄意地以你的記憶為亡者祝福或帶給他折磨，與他們和解或保持在互相衝突的狀態——這一切都是有意識的，不僅僅是對你，對亡者而言也一樣。

在記憶逝者時懷抱善意會是較好的，同時也要小心確保你自身所留下的記憶能在未來成為對你自己的祝福。一個人「身後」留在人類記憶中的，若是愛、尊重、榮譽和讚美這些寶藏，對他自身來說將是幸福的，如此豐富的遺留也是他在死後的收穫，因為他所獲得的，是後人對他的所有評價和想法濃縮而來的意識。

因此，一個人最好要盡可能完全抓住那些在生命當中真正有價值而能納入計數的少許「資糧」——這些寥寥可數的，正是我們要在天堂樂園中貯存的財寶。

為那些被憎惡、詛咒和充滿恐懼回憶追趕的人（逝者）悲哀。那些在他生前被他影響者，在他死後亦不會讓他得到解放；他的歸屬是等待在前方的煉獄。每道指謫都會如箭矢緊隨在他身後，精準無比地命中其靈魂最深處。

除此之外，只有同時從善與惡自行逐步形成的全部結果，才能使公理臻於完善。此生被誤解的公義之人就像碰到厄運一般，必定無可避免地會因此在另一世受難；而對邪惡之人來說，沽名釣譽而來的名聲仍將會帶來表面上的好處。

因此，請讓你的名聲盡可能地**在塵世間保持純淨**，同時**「勿過分謙沖而埋沒了你的才幹」**。這麼一來，在另一世的靈魂之間，諸如此類的誤解將會終止；而在今世被誤當作謬誤的，將在另一世被視為真理，並被賦予與日俱增的重要性——上天的公理正義最終將戰勝所有人類的不公不義。

所有喚起對亡者記憶的方法，都是讓我們想起、召喚他們的方式。

他們會在每一個我們奉獻給他們的紀念活動當中歡樂升騰；他們會飄浮在每一個我們為其樹立讚美的紀念碑之上；他們會傾聽每一首我們讚頌他們功績的讚歌。這是為了全新藝術型態所萌芽的生命啊！

這些古老的戲碼（如我們的讚頌之歌）已如此的陳舊，卻仍然不停地對早已厭倦的觀眾上映，現在，突然之間，在底層舊有的廣大觀賞者（在紀念亡者活動中的亡者）位置之上，顯露出一個環繞領域，從中可以看到更高階層的人們在向下俯瞰，同時，人們（生者）的最高目標就立刻轉變成成長為那些更高階層的存在、而非那些較低階層的存在，實現的是更高階層者、而非較低階層者的渴望。

嘲諷者對此大加譏嘲，教會為此爭論。

問題之所在，乃是一個對某些人來說不理性、對其他人來說則是超越理性的祕密。這是因為對此二者而言，這個更大的祕密依舊保持未被曝露的狀態——一旦這個祕密被公開，敲破嘲諷者理性、教會團結統一的大石就會清晰、明顯可見，因為這祕密只不過是一條放諸宇宙皆準定律的決定性例證，而他們在這例證中察覺相對及高於所有法則的例外。

耶穌基督不單單只藉由聖餐中經過祝福的麵包和酒來接觸祂的追隨者，祂還透過對祂的純粹懷念去分享祂的一切，祂和祂的思想不只是**與你同在**而已，更是**存在於你之內**。當你將祂放到愈接近本心之處，祂的影響便愈加深刻；更重要的是，隨著如此增強更多的力量，祂將讓你進一步提升。

相反的，若不與基督在內在相交，聖餐仍只不過是食物、水及普通的葡萄酒而已。

6

透過聖者的靈魂
接受神的教誨

真善美的靈魂會透過理解更高階層思維，而成長成更優秀的靈性生物，且最終將會被吸納進入神性當中……

每個人對於在死後與跟他們於此生最親密之人的重逢、能與其溝通並且重建固有關係的渴望，都將可能得到**超乎預期或比所期望之程度更為完美的滿足**。

在彼世，那些此生被相同靈性羈絆而聯合在一起的靈魂，不但得以互相遇見，還會藉由這個羈絆合而為一，因此，對這些靈魂而言，他們將會擁有一個具有共通意識之統一靈魂成分。

亡者確實早就已經**與生者同在**了，這就如同生者之間一樣因相同靈性羈絆而相聚，被無數這樣的共同羈絆連接在一起。只不過，一直要到「死亡」鬆開肉體包綑著所有生靈的結之後，它才會加入到意識的聯盟以及聯合的意識當中。

每個人在死亡來臨的時刻都將覺察到自己仍擁有一席之地，並且將成為那些過往逝者的一分子，與其相伴（因為他曾從過往的逝者那裡吸收到某些東西或和他們有共同相似之處）。他會透過彼此的吸引力而得到他們的幫助，因此，他將不會以一個陌生訪客的身分進入第三階段的世界，而是如同**被期待已久之人**那樣，所有那些在此生與他經由共同信念、知識和愛而互相連結者，將伸手將他拉到身側，成為他們存在的參與者。

進入類似的深刻團體關係之中，我們便也會與那些早於我們時代、徘徊穿過生命第二階段的先賢亡者為伍，並根據那些先賢的例證與教誨，塑造出我們自身的靈性。如此一來，那全然活在基督當中的，也將在彼世全然地活在祂之中，不過，他**個人的獨特性並不會在更高階層被消滅**，而是會從其中汲取力量，同時，還會強化更高階層的力量。對於那些透過他們有所共鳴的時刻而成為整體、一同成長的靈魂，皆會為了自身而從彼此身上獲取力量，並在同一時間藉由差異性的結合，進而確認各自的特性。

所以，多數靈魂將在多半**符合他們天性的狀況下互相增強彼此的力量**；至於其餘的，只不過被少數相對應的特性互相連結罷了。

・・・・・・

並非所有奠基於特定之共有靈性經驗的連結都是恆久不變的，但當他們

處於真善美的領域內時，這份連結將成為永恆。所有那些本身並未承載永恆和諧的一切，即便它得以倖存進入下一階段，最終仍將以失敗告終，並將導致那些「曾經一度在無價值同盟中結合」的那些靈魂的分裂。

大多數的靈性覺知是在當前的生命中形成，被接收後繼續帶入下一階段生命。這些靈性覺知當中，確實帶有真善美的種籽，只不過被大量不重要的虛假、謬誤和腐敗等東西所包裹著。

那些透過相同靈性羈絆而維持連結的靈魂，也許能繼續連結，卻也有可能彼此分離——這取決於它們是否皆同意堅持良善與最高道德，並且藉由與惡靈分裂而摒棄邪惡，或是取決於一方緊抱良善的部分，而另一方卻選擇占據了邪惡的部分。

那些已經抓住某一種真善美類型或概念的靈魂，得以在永恆的純潔中保持聯合在一起，而且透過相似的模式擁有真善美，而在永恆的聯結中使其成為自己的一部分。

因此，高等靈魂對更高階層思維進行理解所代表的意義，是這些靈魂藉由這些思維**共同成長為更優秀的靈性體**。而且，由於所有個別的思維、信念皆根植於一種普遍性一樣，因此最終，所有相伴的靈魂都將因為與至高之靈的關係而被吸納進入神性當中。

因為這樣，最終完成的靈性世界將不是靈魂的大集合，而是一棵扎根於塵世、頂端通達天堂的靈魂之樹。只有那些最高等級和最高貴的靈魂，像是耶穌基督、天才、聖者，才能夠以其所知的一切為本，而觸及神性的核心；較為弱小不足的靈魂，則以這些高等或高貴靈魂作為根基——如粗枝上有分枝，而分枝上有嫩枝——從而在半途以間接的方式，透過他們與天上的至高者產生連結。

因此，**死去的天才和聖者成為神與人之間真正的中間人**——他們是神的思維的參與者並且將這些思想傳播給人類；而與此同時，他們感受並理解人類的憂傷、喜樂和欲望，這讓他們得以帶領人走向神。

在宗教發展的最初，崇拜亡者的信仰和將自然神格化的信仰有些相關，但某些部分又是彼此獨立。最野蠻的國度保留當中較為粗野原始的部分，而最文明的國度則留存當中更高等的形式。那麼，現今還有哪個文化沒有將對亡者的崇拜當作其核心信仰的一大部分呢？

因此，在每一個城鎮都應該為該地最偉大的亡者設立神龕，它會被建立在神的殿堂周邊，或是直接位於神殿之中，並且讓迄今都居住在同一殿堂的聖者——基督，與上帝同在，持續引導世人。

7

進入彼世——生命的第三階段

只有曾經完全純淨且真實的靈魂，才能在彼世坦然無愧地出現在其他靈魂當中……

「如今我們對著鏡子觀看，模糊不清，但那時候就要面對面了；如今我所知道的有限，但那時就要完全知道了，就像我已經被完全知道一樣。」《哥林多前書》十三章第十二節。

・・・・・・

人生存在世上，同時經歷著外在與內在生命，前者全然可由外貌、語言、文字，以及外在的事件和行為得以窺見並聽聞，而後者只能透過內在的思想與感受被其自身所察覺感知。

屬於可看見者，其延伸進入外在世界的軌跡通常能夠輕易地被跟隨；而屬於不可見者，自身的生長進化仍然維持在不可見的狀態，但卻依舊持續有所進展。

不過，**無論作為外在生命核心的內在生命是否有所成長進展，都會和外在生命一同形成彼世生命的核心。**

事實上，在人一生中所散發出來可見的、可感知的一切，並非是他散發出的唯一事物。

無論那些傳達到我們心中的、透過有意識的情感所產生之震顫或衝動，有多麼低微與細小，這有意識之情感的完整運作，是透過內在的心理活動所支持，這個由內在的心理活動所支持的意識運作，不可能不在我們身上產生同類影響並最終超越我們自身（指影響到我們之外的人事物）就消失——可是，我們並無法追著這些影響到生命之外。就像魯特琴自身的演奏只保留最微小的部分給自己，而它存在的證明則超脫於這被保留的部分之外，我們的心靈能保留給自己的部分也同樣的微小——對魯特琴和我們的心靈來說，被保留給自己的乃是屬於與自身最為接近的部分。

那些源自我們內心、窮極複雜的運作，將自我傳播至活動較低、能被眼與耳所感知的所有領域範圍，就如同在池中較大波浪上的細微漣漪或密針地毯表面所散布的平面設計，其實都能展現整體美感與更崇高的意義，但物理學家僅承認並遵循外部較低階層的作用，並不關心他無法感知的、在背後更細微的世界。不過，就算物理學家不能感知那細微世界，但既然知道其運作原理，他豈敢漠視其結果（那更細微的運作對我們產生的影響）？〔4〕

因此，我們與靈魂的接觸，是透過它們在這個世界對可見且可感知之外在生命的影響而來，然而，**這並不是它們完整的存在**；除了這些，還有更加深層、實際作為它們存在核心的部分，以我們無法理解的方式存在於我們可感知的外在生命之下。

舉例來說，如果一個人在一個荒島上孤身度過並完結了他的一生，由於完全不曾與另一個人類生命有所接觸，他內在的存在便能維持穩固，並持續以未經接觸變化的本質，等候這一世的未來發展來臨。而從另一方面來說，即便一個孩童只存活片刻，它在彼世也不可能再經歷一次死亡。

即便一個有知覺之生命的脈動再微小，依然會形成其自身的影響力漣漪，這就如同最簡短的音調乍似轉瞬即逝，但它所創造的振動卻會無限延伸出去，並往往超脫出那些立於近處聆聽之人的預料。這是因為**影響力本質上並不會消亡，而且每一種影響力都會製造出其他與之相同類型的影響力，直到永恆**。

因此，如同那在隔絕孤島完結一生的人那般，那孩童的靈魂，也將由在這個世界有意識的那個開端繼續在另一個世界成長發展，而這個開端並不同於在此生已進一步發展的靈魂之開端。

・・・・・・

正如同一個人「死後」才首次接收到他生前於靈性層面在他人身上所創

造的全部意識影響，他也只有在「死亡」中才能首次完全意識到並開始使用他「過去」在自身上所培養形成的一切——

他在生命中積聚的靈性寶藏、填滿他記憶或深入他感情的事物、他的智慧及想像所創造的事物，這一切都將永遠為他所有！

縱然如此，這一切的連結在他「生前」依舊幽暗難辨；只有思想散發著光芒，在他的生命之路中照亮出狹小的窄線，其餘範圍依然隱晦不明。

在這個世界，一個靈魂從未靈光一閃地認知到自己內在豐富充實的完整深度；只有當這豐滿內在的一股刺激吸引另一股刺激與其自身結合時，它才會短暫地由黑暗中完整浮現，不過，很快地它又會再度隱沒。正因為如此，人對他自身的靈魂來說是陌生的，他可能徘徊遊蕩於內在，在通往生命終點的路上隨機行動或費力地苦尋著自己，因而經常遺忘：除了思想照亮的那條小徑之外，他最美好的寶藏，都埋藏在廣泛覆蓋著其靈魂大部分範圍的黑暗當中。

不過，當「死亡」的那個時刻到來，永恆的黑夜將使他肉體凡胎的眼睛失明，而光明會開始照亮他整個靈魂。

直到此時，內在之人的核心才將會點燃發光，成為照亮他完整靈性本質的太陽，並如同內在之眼天賜般明晰地看透其本質。

所有他在這個世界遺忘的，都將在另一個世界尋回。

事實上，他在這個世界之所以會遺忘，不過是因為那些早已先他而行，進入了下一個世界；而如今，他將會發現，那一切將再次被收集而齊聚到他身邊。

不過，在那全新、全面性的光亮之中，他將不再像「生前」那樣費力地向外苦尋他想擁有的事物，也不需要辛苦地將他所擁有的與他必須拒絕的事物隔離。他僅需一瞥就能完整瞭解自身內在的一切，同時也能覺察到一致性與多樣性、連結與分裂、和諧與不協調之間真正的關係——這並非只根據特定的單一思路，而是公平地根據所有思維。〔5〕

・・・・・・

就像飛在天空的鳥兒所能擁有的飛行速度，以及其視野所能到達的遠方，與在地上緩慢爬行、無法感知除了自己身軀所能觸碰之物以外的盲目蠕蟲間的差距那樣，更高層的智慧與當下智慧之間的差距，也是如此的巨大。

因此，在死亡的過程中，人的心靈和理解力、感官和整個為靈魂有限寄居處（肉體）創造的一切都會一同消逝，因為對這靈魂的存在而言，那寄居處的一切形式已經變得過於狹小，而「生前」人類必須逐步地、辛勤費力且不完整地苦尋和發掘一切事物知識和智慧的那些秩序和結構，如今也已不再有進一步的用處，因為那一切如今會立即於其內在呈現，就這樣直接被他擁有和享受。

然而，人的自我將從曇花一現的型態的消亡中毫無損傷地存在並繼續發展，取代那滅絕的較低等領域**進入更高層級的生命**。自此，思緒不再有煩亂不安，因為它們不再需要苦苦探索尋得自身，也不再需要與他人接觸才能彼此建立有意識的關係。

與之相對的，現在更高層靈性生命開始了更高層次的交流，如同在我們自身心靈當中不間斷交流、交融的思緒那般地，在更高層靈魂當中相互交流、聯繫在一起——那便是我們稱作「上天」的包羅萬有的中心，而我們思緒的活動不過是這種高層思想交流的一條支流罷了。

在這種層次的交流當中，互相理解不再需要言語，辨識他人也不再需要用眼觀看，而是由於我們所具備的思緒包含並理解其他思緒，不需要耳、嘴或手的媒介——

在沒有外在限制或禁止的情況下互相聯合或分離，彼此的靈魂互動將是如此令人感到舒適、親密及無拘無束，不再有任何隱藏。

不僅如此，那躲藏至內心黑暗之處的邪惡思緒、那所有人類願以千般手段在同類面前掩蓋的一切，也都將變得無所遁形。

只有曾經完全純淨且真實的靈魂，才能在彼世坦然無愧地出現在其他靈魂當中；而在塵世中曾被誤解的靈魂，也將在那裡獲得認可。

甚至在個別的生命中，靈魂也能透過自我檢視，察覺此生所留下的每個缺陷與每道殘跡當中的瑕疵、混亂與不協調，它不僅會辨識出這些缺陷，還會以與其他靈魂共同感受的強度感受到它們，一切就像我們感受到身體的缺陷那樣。不過，如同我們的思想可以從卑劣的思想中刮垢磨光，且在有所洞察的時刻（指前述靈魂在更高層次的交流中連繫在一起的那時刻）結合成更高階層的思想，因此，每個思想皆能在自身缺乏處變得完美，靈魂也在它們彼此交流的過程中尋得通往完美狀態的進步途徑。

〔4〕不管能否將神經能量歸因於化學或電子的過程，我們都必須將神經能量視為最微小的原子振動的運動，或至少是被原子振動刺激或伴隨原子振動的活動，在其中，無法估量的部分比可估量的部分更重要。然而，振動只有在將自身向環境中擴展時，或是在自身的活躍力量轉化為所謂的彈力時，才短暫、表面上看起來消失，但根據能量不滅定律，它們將等待以其他形式將再次復甦。

〔5〕即使在這個世界，當死亡逼近時（由致幻毒品引起、在即將溺斃關頭，或陷於興奮狂亂時），也可能會閃現對事物靈性意義的領悟，例證記錄在《天堂與彼世》第三卷第二十七頁，以及費希納一八五三年（有快溺斃的案例）的期刊《科學與人類學》（Centralblatt für Naturwissenschaften und Anthropologie）第四十三和六二三頁中可見。

8

「死」後靈魂的進一步學習

在塵世是最好與最高階層的生命，在另一世界也只會為至高與至善存在！

在人的一生當中，他與自然之間不僅有靈性上的關連，還會有物質上的關係。

熱度、空氣、水和泥土從各方面加諸其身，然後再次透過他發散回去，創造並轉化他的肉體；不過，當這些在人體之外只能並存運作的要素在人的內部相遇、相混合時，會形成肉體知覺的組合，而這些肉體知覺會立刻切斷人內在本質與外在世界感知間的聯結。

· · · · · ·

人只有透過感官的窗口，才能藉由肉體的框架向外觀察，並理解外在世界，同時像用小水桶取水般從其中汲取少量東西。但當人死去，這種知覺組合也隨著肉體的崩壞而解散，而從這組合的束縛得到解放的靈魂，如今將完全自由地回歸自然。

他對光波與聲波的覺知，將**不再只限於**它們照耀或傳遞到眼睛與耳朵的當下，而是在它們席捲進入乙太及空氣之海時便能有所意識，他將不僅用肉體感受風的吹拂和浪潮的拍打沖刷，而是他的靈魂自身便能在虛空與海洋中發出低語；他不再需要從青翠的森林與草原向外遊走，他自身就能**以意識充滿**於森林、草原，以及所有那些漫遊其上的事物當中。

因此，除了裝備（肉體及肉體的感官）的用途有所限制之外，轉換到更高層階段對他來說其實並沒有任何損失。畢竟，如今他已經能夠省掉裝備，藉由自身內在更直接且更完整地去支持與感知一切的存在了——然而，當他在較低階層時，一切的存在只能夠透過這些裝備的居中周旋，斷續且浮淺地傳達給他。

……

那麼，我們還需要將眼或耳帶入下一個世界，去感知由生動的自然活力所帶來的光和聲響嗎？

當我們未來生命的流動與光和聲波合而為一時，我們將能夠直接體驗到更多！

人之眼不過只是塵世中微小閃爍的光點，只能從蒼穹那接收到星點的些微光亮。可是，人想要更加瞭解宇宙的渴望，在此並無法得到滿足。

於是，人類發明了望遠鏡，並且用它將星辰的表面放大，他眼睛的能力也因此隨之放大了；然而，這些努力都是徒勞，星辰看起來依舊只是微小的亮點。

如今，他相信自己將在彼世獲得塵世無法被應許的能力，他的好奇心最終將得以滿足；一旦能夠進入天堂，他將立即得以感知那所有曾在他世俗之眼前保守的祕密。

他是正確的，不過，他並不是因為獲得羽翼，而由一個星球飛行到另一個星球，甚至進入那在可見天空之上、未曾被察覺的天堂樂園。在事物的自然本質中，哪裡有羽翼是為了實現這樣一個目的而存在的？他也不是透過一次又一次地重生以從一個星球至另一個星球的過程來學習認識整個宇宙，將嬰孩從一顆星辰帶往另一顆星辰的送子鳥並不存在，他的眼睛也沒有因為成為優越的望遠鏡而獲得洞悉無限超凡深度的能力——

塵世見解的原則並無法滿足這一需求，不過，他將成為偉大神聖存在的一分子並在其中獲得支持，獲得那天堂樂園中的一切，並且在自己與其他同被神聖榮光照耀的更高階層存在之間，掙得一席之地。

這是全新的視野！這並不是給處於下界的我們的視覺能力，因為在我們當中還沒有人能到達那個程度。

地球自身就如同一個巨大眼球在袤廣的星海中浮沉游弋，並在其中旋轉環繞，從四面八方接收穿越彼此無數次，卻未引起分毫騷亂之浪的波動。

藉由這個眼睛，人類有一天將能學會著分辨出天堂的痕跡，因為他未來的生命將與周圍以太的波動相遇和交疊，並以精細的波動滲透整個天堂。

⋯⋯

學會睜眼去看吧！

人在死亡之後還有這麼多需要學習的事物！

由於他必然不能以為在進入彼世之初時，便對來生將提供給他的意義擁有全然神性的感知，就連在塵世時，孩童也要先學習去看與聽，這是因為他首次所見所聞的一切，以無法理解的面貌、空洞的聲響呈現，對他並無意義，甚至會在最初讓人感到迷惑、震驚及混亂。

彼世最初能夠給予「新生兒」的，也同樣是這些。此「新生兒」只擁有他自身從塵世帶過來的；只有那些他「生前」所完成、思考和經歷之記憶組成的迴響，才能在轉換的瞬間，全然清楚地照亮並為他所見——

然而，他暫時仍然只是維持他塵世時的面目。

因此，除了讓「新生兒」**感受到生命內在的不和諧**，從而迫使他**改造自**

我本質之外，他最好不要指望另一世的榮光會為蠢笨、懶惰和邪惡者帶來其他好處。

在塵世的生命中，人帶來的眼得以見證天地榮光，帶來的耳能夠聆聽樂音及他人的言詞，帶來的理解力可以領會這一切美好的所有意義；但這些對蠢笨、懶散和邪惡者又有何用處呢？

就如同在塵世是最好與最高階層的生命，在另一世界也只會為至高與至善而存在，因為它們本身只能被最好和最高階的生命所理解、希冀和創造。

因此，只有彼世中較高階層的人，能理解他自身與其他神聖存在之間的有意識交流，並與他們一同進入這種交流。

誰能知曉，沿著日漸緩慢縮減之軌道運行的整個地球，不會在無盡的時光流逝後，回歸它位於太陽中央的來處？而到那時，所有塵世造物永明的生命歷程即將展開；但是，我們有必要現在就知道這一切嗎？

9

靈魂在第三階段的成長

你是世界的一部分，所以你自身所見，也是世界觀察它自身所見的一部分……

第三階段的靈魂會**像居住在一個共同的肉體當中那樣地居住在現世的自然之中——人類本身也是這自然其中的一部分**。對第三階段的靈魂來說，所有的自然過程都將是相同的，就像它們之於我們肉體中的本我一般。

它們的本體將如同共同的母親一樣包圍著第二階段生命型態輪廓，就像第二階段的本體環繞在第一階段生命型態的輪廓之外一樣。

・・・・・

每個第三階段的靈魂在「共同肉體」（自然）中所能占為己有的部分，只有它在塵世領域中已然開展並完成的那些。

人在生存於這個世界時所改變的，將會構成他在「共同存在」中更深一層的生命（一人的存在與所有存在的根源相連）。其中一部分包括確切的成就和行事，另一部分則是反覆循環的行為和對自身的反饋作用——就如同肉體是由固定部件、還有由固定部件所支持的可動部件所組成那樣。

所有塵世生命的迴圈都承載著另一世界靈魂的生命，這些迴圈彼此交錯在一起。

不過，你或許會有所疑問：那無數的高階層生命迴圈如何能夠彼此相交而不會產生紛亂、差錯或混淆呢？

與其先提出這個疑問，不如問：無數在同一個池塘中交錯的水波、在相同乙太中傳遞的光波、在同一個靈魂中交錯的記憶波動，還有最後，關係著人類偉大未來的無數個生命迴圈，是如何能在這一世不發生紛亂、差錯或混淆地彼此交錯呢？

其實我們應該說，正是透過這些振動和共鳴，才產生了由這一世延伸到達另一世的生命、更高階層的波動和記憶，並且使生命得以實現更高水準的成長。

不過，又是什麼將彼此交錯的意識迴圈分隔開來的呢？

在那些彼此相交的細節上，並沒有什麼將那些波動、記憶、生命等區分開來；它們共同擁有所有的細節，而只是人在與他者的不同關係中擁有這些細節——總體而言，分隔並為那些交錯的波動、記憶和生命等加以區別的，是它們更高階層的個體特徵。

至此，疑問因而再生，那些相交錯的迴圈又有何不同呢？

就單獨的迴圈來說，是沒有區別的，但你可以很輕易地從整體上觀察到外在、表面的差異，而那些意識領域的核心（自我意識），自然也能輕易地識別出內在的差異。

舉個例子來說，也許你曾經收到過來自遠方、以兩種字體交錯抄寫的書信。收到信時，你要如何辨認兩種字跡呢？你僅能憑藉每一種字跡本身所具有的內在連貫性去分辨。那些由互相交錯的靈魂所書寫、填滿世界書信的每一個記錄，都彷彿獨占了整個世界般地被自身閱讀，同時也閱讀著其他靈魂的記錄——因為它們彼此交錯著閱讀。當然，這個世界並不僅有兩種靈魂字跡，而是數不清的靈魂字跡相互交錯著；然而，這封看似複雜的「信」也只能描繪出世界的模糊樣貌而已。

・・・・・・

那麼，意識是如何能在如此龐大的基礎延伸中，維持自己的單一性？它又是如何承受意識門檻的法則呢？〔6〕

首先可以先這樣問：意識如何在較小的肉體範圍下（如大腦或其他肉體

部位）保持自身的獨特性？而在較大的身體範圍下（如整個身體、整個世界）又如何呢？在這個情況下，你的肉體、你的大腦是否是中心點所在？或者你的內在另有一個作為靈魂安座之處的中心點？

答案是否定的。〔7〕

如同現今是靈魂的本質將肉體此一有限制混合物聯繫結合在一起，它同樣會在彼世將更優秀之混合物統合成為更優秀肉體；更確切地來說，是**上天的靈魂聯繫結合了所有神聖的靈魂，形成了整個世界的結構**。你想在一個點上去尋找上天的蹤跡嗎？在彼世，你體會到的只會是**上天的無所不在**。

如果你懼怕你下一世自我延伸的浪潮越不過此生的門檻（指害怕意識因肉

體的消亡而在此生止息了），那麼請記住，它並不是將自己延伸進入一個虛無的世界——若真是這種情況，它確實會無助地陷入混沌深淵——而是進入了**作為神永恆基礎的領域**。同時，這樣的自我延伸也會成為你生命的基礎，因為只有憑藉神聖生命，那造物才有生存的可能。〔8〕

因此，棲息在老鷹背上的鷦鷯能輕鬆地翱翔在山巒之巔，對鷦鷯本身來說，其自身力量並不足以完成這項任務，不過，在最終，藉由從老鷹的背上起飛，鷦鷯所到達的高度將比與老鷹一同飛翔的高度略略高了一點。在這裡要注意的是，**神是那巨大的老鷹，同時也是那嬌小的鳥兒**。

······

當一人死亡後後，人要如何不靠大腦和身體而正常活動呢？那可是被不可思議地巧妙建構了出來的、承載他心靈的每一次衝動，並使那些衝動成就更偉大力量與踏實發展出來的器官啊！大腦和身體的形成，難道竟是徒勞無功之事？

試問：一株植物如何能在沒有種籽的情況下繁衍？一般來說，植物會從種籽萌發，向陽而生，這一美妙的造物透過內在胚芽的驅使推動，將自身由內而外更進一步的增長和發展。莫非連種籽的創造也是徒勞無功的事嗎？

確實，要在哪裡找到如同你的大腦般如此精妙的構造，並在另一個世界中取代它呢？又要在何處尋得可以超越大腦之物？然而，未來之腦無疑將超越現在已存在的許久之物。

不過，比起眼、耳及大腦，你完整的肉體難道不是一項更為精細的造物嗎？完整肉體豈不正是超脫於身體的每一部分嗎？基於此，以及其他更多難以形容者，人類建立的國家、知識、藝術和交通都只是世界的一部分而已，但這也已超越你的小腦袋瓜——世界中一部分裡的一部分。

如果你想提升至更高階層，請看清地球的面貌，別只將它視為乾燥塵土、空氣和水聚集而成的球體；它是比你更為偉大而高等的和諧造物，比起你在自己渺小的大腦中所能攜帶的各種事物，它是本質中有著更為精采絕倫之生命與活動的神聖產物，而你對它生命所做的貢獻，只不過像是提供了一個普通的原子（形容很微小）。

如果你無法理解關於自己生命的一切，你對彼世的夢想將是徒勞。

當解剖學家檢視人的大腦時，他看見了什麼？是一團糾結複雜的白色纖維，而他無法解讀其中的意義。那麼，大腦又從自身看見了什麼？是一個由光、言語、思想、記憶、幻想、愛與恨的感覺所組成的世界。

因此，去瞭解你站立於世界之外所觀看的它，與世界觀看它自身所看的東西這兩者之間的關係，並且請不要指望世界的外部及內在生命，在整體上看來與你的內在與外在生命更相似，畢竟你只是它其中的一部分而已。不過，也正因為你是這個世界的一部分，所以，你自身所見也是它自身所見的一部分。

．．．．．．

到最後，你可能仍然想問，為何終極肉體（我們所謂的身體），只有在我們把它從此生的塵世領域中驅除後，才能於另一個世界甦醒，而且，為何它就已經是我們有限肉體的延續呢？當此狹小存在（指有限肉體）死去時，就是毀棄了；這不過是滲透整個此生世界之普遍宇宙法則的一例，並且證明此法則在下一世依舊適用。懷疑論者啊，醒醒吧！如果你們總是只會從這一世去推理和思考，那就這麼做吧！

意識的活躍力量從未真正新生，也從未消失。

就像供其棲息的肉體一樣，意識僅能改變自己處於時間和空間中的所在位置、外在形式，以及傳播的方式，在今日或此地沉潛而在明日和他方升起，或是在今日或此地升起而在明日和他方沉潛。〔9〕

為了讓你的眼警醒，使你能有意識地觀看，便需要使耳靜默沉眠；要喚醒內在的思想世界，就得讓外在肉體感覺沉睡，這是因為——

即使最微小的區域所產生的疼痛，都能把靈魂的意識耗盡。

觀察之光愈是分散，能照亮其中任一單獨部分的光便愈微弱；然而，當光愈準確地擊中一個點，其餘的部分便會更加陷入黑暗；要映照某一件事物本身，代表排除其他所有的事物。

你必須為了今日的精神奕奕感謝昨日的好眠，今日的你愈是深眠，明日的你將愈生氣勃勃地甦醒。相對的來說，當你愈警醒地度過清醒的時刻，之後便將會進入更為深度的睡眠之中。

不過，在這個世界中，人的睡眠事實上是不完全的睡眠，這讓仍然存在的肉體得以再次爬起投入挑戰；只有死亡才能帶來完全的睡眠，而那會使全新的甦醒成為可能，因為此時肉體已然不復存在。

然而，舊有的法則依然存在著，故需要一個等同於原有意識的東西，因此，新的肉體便有如原有肉體的延續，新的意識也是舊有意識存在的替代與延續。

新的意識將作為舊有意識的延續！一個老人的肉體仍然承擔得住孩童肉體所擁有的意識，即便他身上不再有任何一個原子是屬於孩童的身體，彼世的肉體仍承載曾存在於老人身上的同一意識，即便新的肉體不再擁有任何一個舊有肉體的原子——每位後繼者就是這樣於內在保存前意識的延續，並透過承接前意識者的行動來繼續壯大。

指揮生命從今日到明日，以及從今生前行到彼世的，都是這個法則。哪裡還有任何法則如同這個一般，對人的永生來說是如此的基本呢？

所以，請不要有疑問。你此生在外在世界中所製造的，也就是那些在你之外造成的影響，比起任何外在事物，都**更屬於你**。這是因為相較之下，前者比起後者更是源自於你。

每個「原因」都保留其「結果」，如同永恆的所有物。事實上，你的

「結果」（影響力）從未離開你自身；它們已經形成了你此生存在的無意識延續物，並都在等待著全新意識的甦醒。

就如同一個人一旦活過就不可能真的死亡那般，他如果沒有活過，就不可能被喚醒為彼世的生命，所以，我們應該這樣說才對——他只是從未真正的以單一個體存活過而已。換句話說，在誕生之際喚醒的孩童意識，只是永恆、已存在、宇宙的、神聖意識的一部分，而這意識聚集進入了一個全新的靈魂。

當然，我們確實不可能像追蹤身體的生命能量那樣去追蹤意識生命力的方式和變化。但如果你懼怕從普遍意識（或宇宙大意識）生出的人類意識將再次回流其中的話，那就看看樹木吧。

樹幹生出枝條要花費許多年的時光，然而只要一朝長出了枝條，那枝條便將不會再倒退回到樹幹當中——如果那倒退發生了，樹木要如何生長及發展呢？

世界的生命之樹也以同樣的方式生長並展露自身！

關於從這一世來推論下一世的有力論證，並不是由於我們未知的原因，也不是由於我們的假設，而是從我們確切知道的事實真相，來推斷出那些彼世當中更偉大且更崇高的事實真相，從而由下鞏固並確認依靠更高階層觀點所建立的信仰，並使其與生命習習相關。確實，若我們不需要信仰，又為何要鞏固增強它；然而，若我們不需要任何支持和證明來證實信仰，又要怎樣使用它呢？

〔6〕此一肉體與靈魂間關係的經驗法則是：若意識所依憑的肉體活動力衰退到低於一定程度（即所謂的「門檻」）以下，意識將會止息。如今當身體活動範圍擴展時，意識將更容易因為肉體的虛弱（因為能量消耗），而更容易面臨止息的門檻。就如整體意識有其門檻，即

構成了區分人類睡眠狀態及清醒狀態的分界線，意識中的每個細節亦有其門檻——依據其所依賴的特定活動是超越或低於那特定的門檻，將決定意識中在清醒狀態時的那些此一時彼一時的念頭會彰顯自身存在或藏匿不見蹤影。（參閱《心理物理學綱要》（Elemente der Psychophysik）第十章、第三十八章、第三十九章及第六十七章。）

〔7〕關於這一點，請比較《心理物理學綱要》第三十七章以及《原子論》（Atomenlehre，完整書名應為「物理學和哲學的原子論」）第二十六章。

〔8〕為了不讓上述推論與心理物理學說中的相疊加門檻學說（此一學說最具啟發性的討論在馮特的雜誌《哲學研究》，第四卷，第二〇四和二一一頁）間發生明顯的矛盾，注意下列重點：若人類由最多種多樣成分所構成之心理物理學上的生命波（接續此一簡明表述的用法），向外延伸進入只包含了相異成分的世界，那麼的確必須假設它會透過

這樣的延伸而低於此處我們所考慮到的相疊加之門檻。然而，由於世界的心理物理生命波之海的其他構成元素裡，也包括了人類生命波的相似元素，又這些元素確實具備了最多樣的高度或強度，因此也包含了已然超越或接近相疊加門檻的元素，同時，那相類似元素的加入，只會促使進一步攀升，文中推論的結果 P145 因而在某種程度上，能被定位在一個稍微更堅實的基礎上。（此為第三版寫的註解。）

〔9〕無可置疑地，這個與物理學領域的能量不滅定律相似的法則，以某種方式透過靈魂與肉體連結的基本關連與其相連接。這種關連尚未明確，而意識能量不滅定律也尚無法從物理能量不滅定律中推導出結論，畢竟心理物理能量的本質仍未明確。因此，這法則必定是從前文中所述之事實推論而來；而在未被確切並完整的證明前，這法則透過這樣的推論而使其有資格作為此處討論議題中，所提出觀點之基礎。

10

靈魂出竅與見鬼

這一世法則的例外，只不過是更偉大生命法則同時包含兩個世界的例證！

人的靈魂充滿他的整個肉體；當靈魂捨棄肉體，肉體就會立即死亡；然而，**靈魂的意識之光無論在此生和彼世都依舊閃爍**。〔10〕

・・・・・・

我們才剛看見意識之光在窄小的肉體內來回遊蕩，交替著照亮眼、耳、內外的感官，最後在死亡時完全脫離肉體，這其實就像一個人在一間長期以來他所居住、在其中來回移動的小房子被毀壞之後，進入了開闊之地，並且開始新的旅行。

除了使活動的舞臺由狹窄的轉換成較為寬闊的之外，死亡並沒有在兩世之間造成任何區別。在此世，意識之光並不總是無所不在，它可能逐一地存在或分散出現，同樣的狀況在彼世的生命中**依然會發生**。

只不過，意識遊走的場地如今難以言喻地擴大了，可能出現的延伸更加寬廣、道途更加自由、觀點更加提升，並且所有這個塵世中較低的階層都被包含在其中。

話說回來，在這一世中的特別情況下（極罕見的情形下），我們的確也能看見意識之光遊蕩離開狹小的肉體範圍，進入更開闊之地，然後帶著關於發生在遙遠時空的消息再度回歸。

彼世延伸的長度，取決於此世的寬廣程度。突然間，那道在今生與彼世之間原本理應永遠閉合的門扉，突然出現了一道縫隙，接著又迅速地再度閉合——那是一扇將在死亡時徹底開啟的門扉，而且只有在那時，那道門才會完全打開，並且絕對不再關閉。

不過請注意，那搶先透過那縫隙驚鴻一瞥所瞄見的世界，對當下是沒有什麼幫助的。

不管如何，這一世法則的例外，只不過是更偉大生命法則**同時包含了兩個世界**（今生和彼世）的例證而已。

可能發生的情況是，世俗的肉體在這一世陷入深沉的沉眠，導致它能以遠超出它通常會受到的限制，而在彼世甦醒，只不過，這樣的沉眠程度還不夠深沉且徹底到無法再被喚醒的程度；或者那是因為終極肉體中的某一點突如其來受到超乎尋常的強烈刺激，而從遙不可及的遠處，帶來提升至超越門檻的效應。

由此所展開的，是那些透視、預感及徵兆夢：如果未來的肉體及來生都是無稽之談，那麼這些現象就是純粹的幻想，否則，這些現象就是此世的跡象和彼世的先兆，因為先兆是未來的預示。

然而，這些**並非此世正常生活的跡象**。

現世只須為彼世建構「神聖的軀體」，而不是早早使用那未來的眼與耳去看與聽彼世。在現世倉促折斷的花朵，無法在彼世茁壯成長——即便人們能夠藉由相信這些進入現世生活當中的彼世，來支持幫助他對彼世生活的信仰，也依然不能把期待寄託在那些微小的跡象之上。

健康信仰的根基在於基本法則，並將它自身限定在它自己也參與形塑的正常生命之視野的最高點。

・・・・・・

一直以來你都相信，在你記憶中顯現之亡者所形成的光亮，只不過是你自己內在所產生的幻象。然而，你弄錯了！那些亡者本來就真實的存在，藉由有意識的步驟，不僅為你而來，更會進入你的內在。

亡者早先的型態仍是它靈魂的外衣，只不過它現在已不再被過往厚重的肉體所束縛，遲緩地在其同伴間遊蕩，而是轉成為清澈透明、輕盈且拋棄塵世重擔者。在那當下，它時而在這裡、時而在那裡，自行或遵循每一位憶起亡者之人的聲音指引，而顯露在你面前。

人們對於彼世靈魂顯現樣貌的常見概念通常都是光、無形且無視於空間的限制，儘管這不一定完全正確，卻也在無意間碰觸了真相。

你也曾聽聞鬼魂現身吧？醫師們稱它們為幻影與妄想——對生者來說確實如此，然而當我們發出召喚時，它們同時也是亡者的真實幽魂。因為如果它們能在我們體內以較為虛弱的回憶形式存在，那麼它們應該也能成為更為明確、與回憶相對應的幽魂。

因此，當它們同時代表這兩者時，為何我們仍然要爭論它們應是這個或那個？

當你無懼於亡者那已然銘記於心中回憶的型態時，又為何要在此時恐懼害怕鬼魂的出現？

・・・・・・

話說回來，我們並不缺少解釋這個現象的理由。

不同於你自己自發召喚來的類型，它們不請自來，小心安靜地潛入你內在生活的組織結構中，讓你與它們交織在一起。它們以你難以抗拒的力量接觸你，看似出現在你面前，實則進入你的內在，但它們為你的心靈帶來的並非理想的安然與舒適，而是更多的驚愕與沮喪。

想同時生存在塵世和彼世中，會導致其中一個處於病態的存在，由此足見**亡者與生者不應有所「交流」**。假使一個人能夠如此接近亡者，甚至可以清晰且客觀地看見它們，如同它們能夠看見彼此，這代表生者已經**處於部分死亡的狀態**。同時，這也會導致生者在這樣的亡者身影面前感到恐懼。除此之外，這也是亡者從超越死亡的領域不完全地回到此生這一側的**退步**。針對這種狀況，我們衍生出一段警語——或許這不僅僅只是警語而已：只有那些尚未全然被釋放、依然被世俗利益的沉重鐐銬所束縛的靈魂，才會在塵世四處遊蕩。

為了驅逐那未蒙福的靈魂，不妨請求更強壯美好之靈魂的幫助吧！而那最好、最強大的靈魂，乃是靈中之聖靈——在神的庇護下，有誰能夠傷害你呢？這正證實了——在神的旨意面前，所有惡靈悉數絕跡。

同時，在這充斥著心靈病症的星球上，信仰本身受到迷信的思想感染與威脅。**對抗入侵鬼魂最簡單的自衛方式，是不去相信它們的到來**——因為若是相信它們的來臨，不啻於你在半路迎接它們的來臨。如同我說過的，它們能夠向彼此顯現形跡，這是因為看起來違反此世法則的跡象，就是另一世界秩序的提前體現。

另一個世界的居民，將以光輝、明亮、圓滿及客觀的形貌對彼此顯現，而在我們的記憶中，它們的形貌只不過是**一道虛弱的回音、一幅輪廓模糊的**

畫作，這是因為它們伴隨著自己充分且完整的存在滲透充滿在彼此之間，但我們在回憶中只能體會到其中的一小部分——在眼前的這一個世界和在彼世一樣，必須將注意力集中在這些跡象上，我們才能真的窺見它們。

·
·
·
·
·
·

如今仍會被提出的疑問是：它們是如何能在如此相互滲透融合的情況下，仍舊能客觀且明確地出現在彼此面前？我認為，在發出此疑問之前，應該先提出這個問題：那以生者外貌形式被你接收，以及滲透到你大腦中的對亡者的記憶——在此之前並沒有任何事物可以讓你作為根據——是如何可能在一種情況下以客觀的感知呈現，而另一種情況卻是一段受限制的記憶？

構成你內心那些化身的，是一些不復精確的印象（有最初形貌的基礎，但已不同於最初形貌——因為這是你的記憶，可能經過加工和重構），但你卻可能把這些化身當作它們最初的形貌輪廓。可是，既然你無法從這個世界的程度知曉原因，又如何能期望從另一個世界中得知結果呢？

因此我要重複提出：**不要以這世界中你不知曉的論點、你自己的假設來下結論，而應以在今生對你來說清晰明確的事實（就如同那更優秀和更高階層的事實之於未來的生活）做斷論**。任何一個單一結論都可能是錯誤的——就連我們才剛延伸到達的那個結論，也可能是錯誤的；因此，不要執著於任何單一細項的證明：在做出每一個結論之前及之外，我們更必須聚焦所需的最終結論和方向，這將成為我們在塵世中信仰的最佳支持，以及我們在向上提升路程中的最佳嚮導。

不過，一旦你一開始就直接從「高點」掌握住信仰，那麼，你就比較容易在這向上提升的信仰之路上跌跤（對信仰，還是逐步理解、辨證來獲得體悟會比較好）。

〔10〕用科學術語來說：意識可以存在於任何時空；意識無論如何都會作為靈魂根本的肉體能量（也就是所謂的心理物理活動），在超越我們稱為門檻的力道空間時被喚醒（請與第一五五頁的註解〔6〕做比較）。根據這一點，意識便在時間與空間之中被定位。當我們心理物理活動的波峰從一個地方擺動到另一個地方，意識之光就會改變它的所在，只是在這個現世中，它始終只在我們的肉體、甚至僅僅在這副肉體中有限的部分來回波動，並且在睡眠中沉入門檻以下距離相當遠的所在，而在清醒時，它將再次由此所在上升浮出。此說法可與《心理物理學綱要》第二卷第四十章、第四十一章相比較。

11

相信彼世的存在

你必須只相信更高階層靈魂的存在，而且你即是它。

假使人能習慣於領會那已然玩弄超過千年之文字中的言外之意，也就是：人活在神當中、在神當中行動，並得到自己的存在——

那麼，一切對信仰來說都將是如此簡單容易。

到那時，隨著「他自身在神的永生中獲得永生」的這個信念，他將發現自身的永生就和歸屬在神自身的永生一樣，而隨著他的未來向前到超越他目前的生命階段，他只會意識到，在神裡面那個高於較低階層生命的更高體系，就像那已然蟄伏在他裡面的。

他將透過次要的模式去充分理解更為宏觀的模式，並且在兩者（指次要和宏觀模式）結合而成的整體中，理解他只不過是其中的一小部分。

感知在你的內在消融分解，而記憶從此在你的內在升起；你直觀的一生會在神裡面消融，而從其中浮出的是更高階層存在的記憶；並且，另一個世界的靈魂也會在神聖的心靈中彼此交流——如同你內在的記憶那樣。這不過是一步接著一步攀升的階梯，但是，**這階梯並非通往神，而是存在於神的裡面並向上——神自身是基石也是頂峰**。

若用缺乏思想的言論來說明，神將如此空洞而無意義；而神在其完整意義上，卻是如此的豐富滿盈！

那麼，你是否知道如何才能達到更進一步感知的靈性生活？你僅止於知曉那是真實的存在，只有靈魂才有達成的可能。因此，即便對「如何可能達成」一無所知，你還是能輕易地相信「你完整的靈魂將存在於一個更高階層的靈魂當中」這個未來的真實性；你必須只相信更高階層靈魂的存在，而且你即是它。

你將再次發現，若人能習於看見那更深一層訊息中的真實，即神居住、活動且存在於所有造物裡面，一切對信仰而言將是如此簡單容易。那麼藉由神，這將不是死寂、而是活潑有生氣的的世界，而人在這世界中建構他未來的肉體，並因而在神的棲息之地裡面創造出一個新住所。

然而，何時這被賦予生命力的信仰會成為活生生的信仰？

讓信仰得以活躍的人，自己也將被轉變成活躍有生命的性靈。

12

信仰不需要是非題

你不是扎根於信仰之中，而是結出信仰的果實。

你的疑問乃關乎「是或否」。

我，則是告訴你如何去確認「是或否」。

信仰並不需要問「是或否」，然而一旦被問起，唯一的答案將會透過如何行動而得知；只要確認「是或否」的方法無法站得住腳，「是或否」所帶來的煩擾將不會停歇。

現在，請試想一棵樹木屹立在此，許多葉片可能從它身上落下；然而，它的根基及整體性仍舊牢固且完美。

這棵樹木將持續生長出新的枝椏，同時，新生的葉片也將持續落下。

然而，樹木自身將不會衰倒，而將會綻放名為美麗的花蕾；它不是扎根在信仰之中，而是結出信仰的果實。